인간관계론

THEORY OF HUMAN RELATIONS

인간관계론

채성준 저

동 문 사

머리말

대학에서 교양과목으로 인간관계론을 강의하면서 마땅한 교재를 찾지 못해 어려움을 겪었다. 물론 인간관계론과 관련된 많은 명저나 전문·전공서적들이 있지만 학생들이 현재 대학생활이나 졸업 후 사회생활을 하는 데 있어 실질적으로 도움이 될 수 있으면서도 대학교재로서의 품격을 갖춘 책을 찾기가 힘들었기 때문이다.

이 책은 한 학기동안 인간관계론을 강의하는 데 교재로 사용하기 위한 목적으로 발간하였다. 전체 15주 강의일정에서 중간·기말고사를 빼고 13주 강의에 적합하도록 총 13장으로 구성하였다. 특히 인간관계론이 대체로 전공과목이 아니라 교양과목이라는 점을 감안해 학생들이 이해하기 쉽고 흥미를 느낄 수 있는 내용으로 구성하고자 하였다. 대학교재라는 점에서 학자들의 주장이나 중요한 이론을 담기는 하였으나, 가급적이면 실생활에 접목할 수 있는 실용적 내용에 중점을 두고자 하였다.

인간관계는 우리 삶에 있어서 무엇보다 중요하다. 우리는 태어나면서부터 죽을 때까지 자신을 중심으로 부모, 형제, 친인척, 또래친구, 학교동창, 직장동료, 사회생활에서 만나는 수많은 지인들과 다양한 인간관계를 형성해 나간다. 개개인마다 차이가 있겠지만 휴대폰 주소록에 저장되어 있는 전화번호만 보더라도 우리가 얼마나 많은 사람을 만나고 헤어지는지를 알 수 있다. 사람을 만나는 것 자체가 의미가 있지만 만나는 사람들과 인간관계를 유지하는 것은 더욱 어렵고 중요하다. 물론 만나는 모든 사람들과 인간관계를 계속 이어갈 수는 없다. 그렇지만 확률적으로 볼 때 우리가 지구상의 76억 명 인구 중에서 어떤 한 사람과 관계를 가진다는 것은 매우 귀한 인연이다. 불가에서는 옷깃만 스치는 것도 인연이라고 하는데, 혈연·지연·학연이나 사회생활에서 직·간접적으로 인연을 맺은 분들은 물론이고 그냥 잠시 만나서 통성명을 하고 얼굴을 알게 된다는 것만으로도 정말 소중하다.

이러한 인연 중에는 때로 만나기 이전보다 못한 상태도 있다. 흔히 이런 인연을 악연이라고들 하지만 짧지 않은 삶 속에서 피할 수 없는 경우가 생긴다. 우리가 인간관계에서 가장 유의해야 할 점은 바로 이런 악연을 만들지 않기 위해 노력하는 것이다. 그 다음으로 중요한 것은 한 번 맺은 인연을 아름답게 이어 나가는 것이다. 이 부분은 개인의 성향에 따라 혹은 직업에 따라 차이가 있을 수 있다. 물론 많은 사람들과 끊임없이 좋은 관계를 유지하는 것이 바람직하겠지만 복잡한 현대사회에서 그렇게 쉬운 일이 아니다. 가능한 한 폭도 넓고 깊이도 있는 것이 좋겠지만 두 가지 다 얻기는 매우 힘들다. 폭 넓은 것이 우선인지 깊이가 있는 것이 우선인지는 선택의 문제이지 어느 하나를 정답으로 꼽을 성격이 아니다.

다음으로 인간관계가 어려운 것은 결코 왕도가 없다는 점이다. 물리학적 자연법칙에는 예외가 없다. 물은 섭씨 영하에서 얼고 백도가 넘으면 끓는다. 그러나 인간관계는 다르다. 왜냐하면 인간에게는 이른바 자유의지가 있기 때문이다. 똑같은 상황, 똑같은 상대를 가정하더라도 그 상대가 누구냐에 따라 결과는 천차만별이다. 우리가 인간관계가 어렵다고 하는 것은 이 때문이다. 이처럼 인간관계는 누구에게나 어려운데도 이러한 사실을 모르고 자신에게만 어려운 것으로 생각해 겁을 먹기 쉽다. 그러다보니 한두 번 인간관계에서 실패를 겪고 나서는 인간 자체를 기피하는 경우가 있다. 특히 자라나는 청소년이나 갓 사회에 진출한 청년들에게서 많이 발생한다.

결론적으로 볼 때, 인간관계는 누구에게나 어려운 것이고 어떠한 정답도 없다. 단지 노력이 필요할 뿐이다. 이 책이 인간관계에 있어 바이블이 될 수 없음은 물론이다. 다만 교양과목으로 인간관계론을 듣는 학생들에게 실생활에서 조금이나마 보탬이 되었으면 하는 바람이다.

이 책은 크게 3부로 구성되어 있다.

제1부에서는 인간관계에 대한 전반적인 이해를 돕기 위해 인간관계의 개념 정립 및 인간관계론의 발전과정과 더불어 인간관계의 출발점이라고 할 수 있는 자아개념과 성격 및 감성에 대해 다루었다.

제2부에서는 인간관계에서 당면하거나 극복해야 할 커뮤니케이션과 갈등 및 스트레스 관리 그리고 리더십이론을 다루었다. 이 부분은 바람직한 인간관계를 유지하기 위해 끊임없는 노력과 교육·훈련이 필요한 사항이다.

제3부에서는 우리가 살아가면서, 특히 대학생들에게 중요한 우

정과 사랑, 결혼 및 직장생활을 다루었다. 그리고 부수적으로 삶에 있어서 중요하면서도 젊은 층에게 다소 생소한 친인척 관계 및 인맥관리 문제를 다루었다.

이 책이 인간관계론 강의를 듣는 학생들에게 인간관계의 올바른 가치를 인식하고, 인생에 있어서 바람직한 인간관계를 유지하는 데 작은 길라잡이가 될 수 있기를 다시금 기원한다.

2019년 2월

저자 채성준

차례

PART 02 인간관계의 심화과정

PART 03 생활 속의 인간관계

PART 01

인간관계의 출발점

Chapter 1 인간관계의 본질과 학문적 발전과정

Chapter 2 자아찾기

Chapter 3 성격과 인간관계

Chapter 4 감성과 인간관계

01 Chapter 인간관계의 본질과 학문적 발전과정

학습목표

1. 인간의 본질이 무엇인지 이해한다.
2. 인관관계의 의미에 대해 이해한다.
3. 인간관계론의 학문적 기원을 살펴본다.
4. 인간관계론의 발전과정을 살펴본다.

01 인간관계의 기본의미

1) 인간의 본질

'인간의 본질이 무엇인가?'라는 명제(命題)는 오랫동안 철학적 탐구의 대상이었다. 고대 그리스의 철학자 아리스토텔레스(Aristoteles)는 인간은 '사회적 동물'로서 이성을 본질로 하는 존재라고 하였다. 중세 기독교에서의 인간은 신에 의해서 창조되었으나 원죄(原罪)로 인하여 이성만으로 존재할 수 없고 신앙을 통한 신의 은총으로 구원

받아야 하는 존재였다. 근대 서양철학의 출발점이 된 데카르트(Descartes, René)는 '나는 생각한다, 고로 나는 존재한다'고 갈파함으로써 인간이 이성적 존재임을 확인하였다. 근대 철학을 집대성한 칸트(Immanuel Kant)는 '인간은 도덕법칙을 준수하는 자유로운 존재'라고 밝히면서 인간의 자유의지를 부각하였다. 마르크스(K.Marx)는 인간을 '도구를 사용하는 동물'로서 사회적 관계의 총체 속에 존재하는 한 유기체적 부분으로 규정하였다.

생물학적 견지에서 보면 인간은 영장류(靈長類)의 인간과(hominidae)에 속하는 동물로서 진원류(眞猿類)라는 아목(亞目)에 속한다. 현생의 인간은 호모 사피엔스(homo sapiens)의 일종으로 분류되고, 인간에 가장 가까운 유인원(類人猿)과 비교할 때 그 차이는 해부학적으로 먼저 두골(頭骨)의 형태에서 나타나며, 기타 체구(體軀) 및 사지(四肢)에도 특징이 있는데, 그 특징들은 직립보행(直立步行)에서 유래하는 것으로 알려지고 있다.

인간은 지구상 생물의 발전에 있어 최고의 단계에 있다. 인간은 동물 중 포유류(哺乳類)의 일원이지만 다른 동물에서 볼 수 없는 고도의 지능을 소유하고 독특한 삶을 영위하는 고등동물이다. 조직사회를 이루고 언어와 도구를 사용하면서 생활을 한다. 이 같은 생활방법은 사람이 태어날 때부터 가지고 있는 것은 아니고 각자가 생후에 사회에서 습득하며, 자손에게 전해지는 것이다. 생물로서의 신체적 특징은 유전법칙에 의해 부모로부터 자식에게 전해지지만, 생후에 습득한 언어나 기술은 사회를 통해 세대에서 세대로 전해진다. 생후에 획득한 신체적 형질(形質)은 다음 세대에 유전되지 않지만, 어떤 세대에서 발명되고 개선된 생활기술은 다음 세대에

계승되고 발전하게 된다. 이와 같이 신체의 진화와 생활기술의 진보는 제각각 발전의 방법을 달리하고 있음을 알 수 있다.

인간은 그 심리적 작용 및 음절로 나누어진 언어를 가지고 있다는 점에서 가장 발달된 동물로부터도 구별된다. 인간의 행동은 사고·감정·의지, 나아가 자연·사회·자신 스스로에 대하여 많든 적든 그것이 가지고 있는 법칙에 대한 지식을 토대로 이루어지지만, 다른 동물의 행동은 본능·환경에 대한 반응으로 규정된다. 이 인간의 특유한 심리적 작용을 특히 강조하고 절대화하여, 이것에 근거하여 인간의 본성을 규정하고, 이성 및 의지력, 종교적 신앙 등에서 그 본질을 발견한다면 관념론자(觀念論者)의 주장이 된다. 그러나 실제로는 인간과 동물의 차이는 후자가 단지 자연조건에 스스로를 적응시키는 데 지나지 않는다면, 인간은 노동용구(勞動用具)를 만들고 자연에 작용하여 그것을 자신에게 적응시키는 데 있다. 즉, 인간이 노동을 가지고 자연을 변화시키는 데에서 그 본질을 발견할 수 있는 것이다.

이처럼 인간의 특징이 되는 의식활동이나 정신생활, 그리고 갖가지 노동용구를 만들고 그것을 사용하는 능력 등은 자신의 생존을 위한 사회적 노동으로부터 발전된다. 인간은 결코 독립적으로 생존하지 못하며, 나아가 집단적으로, 즉 사회적으로 생활하기 때문에 노동도 사회적이어야 한다. 철학자들이 말해왔던 '인간성'이라는 것도 일반적인 것이 아니라, 사회의 일정한 조직에 의해 규정되는 구체적인 인간본성이라고 할 수 있다. 그러나 동시에 각각의 사회 발전단계에 있는 일정한 조직에 있어서의 인간은 인류 역사로부터 만들어진 것이며, 인류가 종래에 완성시켰던 지식을 습득하고 이를 통해 형성된 문화를 기초로 하고 있는 것이다.

2) 인간관계의 개념과 특성

인간관계(人間關係)란 둘 이상의 사람이 빚어내는 개인적이고 정서적인 관계를 의미한다. 통상적으로 타인과의 상호작용을 통해 이뤄지는 사회적 과정으로서 한 인간으로서 생존하기 위하여, 정체감을 확립하기 위하여, 그리고 건강한 성격발달을 위하여 꼭 필요한 것으로 인식되고 있다.

사회과학적으로 인간관계란 인간 상호 간에 있어서 본성이나 직접적 접촉에 의해 자연발생적으로 형성되어 지속적으로 유지되는 내면적·감정적인 인간 대 인간의 관계라고 정의되고 있다. 이 개념은 구체적인 조직이나 집단 중에서 성립하고 있는 구성원 간의 상호관계를 외적인 제도적 측면과 내적인 현실적·인간적 측면이라는 두 가지 측면에서 볼 때 후자를 특히 지칭하는 것으로 전자인 사회관계에 대치되는 개념이다.

인간은 자유의지를 갖고 있다. 자유의지란 일반적으로는 개인의 자연적인 성향에 따라 자신의 행동과 의사결정을 외부적인 요소들에 의해 방해받지 않고, 스스로 조절·통제하고 선택할 수 있는 능력을 지칭한다. 철학적인 의미에서는 합리적인 인간이 자신의 행동을 여러 다양한 선택지 가운데, 아무런 방해를 받지 않고 자발적으로 결정하는 능력을 말한다. 토마스 아퀴나스(Thomas Aquinas)에 따르면, 인간은 창조자의 피조물 가운데에서 이성을 부여받은 존재자로서 피조물의 질서 영역에서 가장 상위에 위치하고 있다. 인간이 창조자로부터 받은 특질 중의 하나는 자유의지로서, 이 자유의지에 의해 인간은 선을 행하기도 하지만 악도 범한다.

자연세계는 자연의 법칙에 따라 움직인다. 이 법칙은 물리 자연계의 모든 사물과 현상에서 반복적으로 나타나는 일정한 법칙, 즉 인과관계를 기초로 한 존재의 법칙이라 할 수 있다. 그러나 인간세계에는 다른 메커니즘이 작동한다. 인간 개개인이 각각 자유의지를 갖고 있기 때문에 똑같은 상황에서도 자연의 법칙과 무관하게 전혀 다른 현상이 일어날 수 있다. 인간관계의 어려움은 바로 여기에서 시작된다. 인간관계에는 자연과학과 같은 정답이 없다.

인간관계는 인간과 인간 사이에 서로 맺거나 맺어지는 것을 말한다. 즉, 인간 상호 간에 있어서 본성이나 직접적 접촉에 의해 자연발생적으로 형성되어 지속적으로 유지되는 내면적·감정적인 인간 대 인간의 관계이다. 이 개념은 구체적인 조직이나 집단 중에서 성립하고 있는 구성원 간의 상호관계를 외적인 제도적 측면과 내적인 현실적·인간적 측면의 양면성에서 취해졌던 때의 후자를 특히 말한다.

이런 점에서 인간관계는 사회관계에 대치되는 개념이기도 하다. 사회관계는 사회적 존재인 사람들의 상호관계로서 사회생활을 영위해 나가는 데 필요한 인간관계를 의미한다. 인간은 타인과의 상호활동(상호접촉·상호작용)을 통하여 성장하는 것이며, 사회생활은 대인적(對人的)인 교섭이나 행동으로 영위된다. 이러한 대인적 상호활동을 내용으로 하는 사회과정(社會過程)이 반복에 의하여 상대적으로 지속되고, 그 방향이나 성격이 명확한 동시에 안정을 얻고 있는 경우를 사회관계라 한다. 사회과정은 동적(動的)인 것이고, 사회관계는 정적(靜的)인 것으로 대비(對比)되며, 이러한 사회관계는 복합되어 집단을 이루고 또 사회 자체를 구성하는 기본단위가 된다.

사람과 사람사이

딱딱해진 식빵이 있습니다.
어떻게 하면 촉촉한 식빵으로 만들 수 있을까요?

단, 물에 젖는 것이 아니라
촉촉하게 맛있는 식빵으로 만들어야 합니다.

촉촉해진 식빵들 사이에 딱딱한 식빵을 두면 됩니다.

딱딱해진 사람, 부정적인 사람이라면
촉촉하고 긍정적인 사람 사이에 어울리면 됩니다.

02 인간관계론의 학문적 기원

인간관계는 둘 이상의 사람이 빚어내는 개인적이고 정서적인 관계를 가리킨다. 이러한 관계는 추론, 사랑, 연대, 일상적인 사업관계 등의 사회적 약속에 기반을 둔다. 인간은 사회적 존재로서 태어날 때부터 타인의 도움과 보호를 필요로 하는 의존적 존재이기도 하다. 따라서 인간은 가족, 연인, 동료, 지인 등 다양한 관계들과 사회를 구성하여 서로 상호작용하면서 살아간다. 인간은 사회적 존재이기 때문에 수많은 다른 인간들과 상호작용을 맺어가면서 살아갈 수밖에 없다. 인간관계는 구체적 생활환경에 있어서 사람과 사람 사이에 생기는 심리작용으로서, 언어의 작용을 기본적 조건으로 하는 의사소통에 의해 대표된다.

산업사회의 도래와 도시화로 인해 우연적 요소에 의해 인간관계가 성립하는 경우가 많게 되면서, 과거 전통사회에서와 같이 혈연과 지연에 따라 존재하던 룰이 제대로 작동하지 못하는 관계로 인간관계의 원리나 법칙을 창출할 필요성이 생겨나게 되었다. 특히 현대사회에 이르면서 인간관계의 중요성이 높아지고 인간관계의 도구와 기술, 관리 방법에 대한 관심이 높아지면서 인간관계론(human relations theory)이 본격적으로 등장하게 되었다. 어떻게 타인과의 상호작용을 잘할 수 있을까 하는 나도 좋고 너도 좋은 상태를 유지하기 위한 기법을 중심에 두고 실생활에서의 문제를 다루는 것이 바로 '인간관계'이며, 이러한 사실이나 현상을 분석하고 해석하여 바람직한 인간관계를 연구하려는 학문적 영역이 바로 '인간관계론'이다.

이와 같은 인간관계론은 대체로 경영학적 또는 행정학적 측면에서 다뤄지기도 하고 교육학적 및 심리학적 측면에서 다뤄지기도 하는데, 그 목적과 접근방법에 있어서는 다소 차이가 있다고 해도 기본적인 출발점은 동일하다고 할 수 있다. 다만, 경영학적 또는 행정학적 측면에서는 기업의 생산력 또는 행정조직의 효율성을 증진시키기 위한 방법 중의 하나로서 인간관계론을 다루는 데 비해, 교육학적 또는 심리학적 측면에서는 바람직한 인간관계의 형성 그 자체가 목적이라는 점에서 차이점이 있다.

인간관계론의 학문적 기원을 살펴보면, 인간관계에 대한 연구의 필요성은 산업혁명이 일어난 이후 전통적 농경·유목사회에서와는 달리 새로운 산업생산 체제가 형성되고, 고용자와 피고용자가 생겨남으로써 종업원의 생산성이나 능률 향상의 극대화를 위해 인력관리를 어떻게 해야 하느냐에 대한 관심에서 태동되었다. 산업혁명 초기에는 종업원을 조직(산업 또는 기업)이라는 커다란 기계 속의 작은 조립품으로 여겼으나, 이후 일련의 능률향상이라는 역사적 조류 속에서 종업원에 대한 인격적 대우와 심리적 안정이 임금인상이나 물리적 조건의 변화보다 일의 능률성을 올리는 데 더 중요하다는 인식이 형성되었다. 이로 인해 고용주와 노동자, 관리자와 종업원, 종업원과 종업원 간에 인간 대 인간으로서 관계설정의 중요성이 제시되었다.

03 인간관계론의 발전과정

1) 테일러의 과학적 관리론

과학적 관리론에서의 인간관계는 19세기말 이후 주로 미국에서 발전된 산업경영 및 관리의 합리화와 능률화를 위한 지식과 기술적인 방법을 활용한 관리를 의미한다.

18세기 후반에 시작된 산업혁명 이래 기계화의 가속화가 생산성의 증진을 촉진시킴에 따라, 경영자들이 노동자들을 기계의 부속품과 같이 인식한 채 산업환경 개선은 고려하지 않고, 노동력을 혹사시켜 기업의 이익을 최대화하는데만 관심을 두었다. 이로 인해 노동자들의 조직적인 태업이나 파업이 발생하게 되었다. 그럼에도 경영자들은 생산성 증가에만 집착해 산업환경의 변화를 고려하지 않은 채, 단지 능률을 향상시켜 기업의 이익을 최대화하는데만 관심이 있었다.

를 확실히 수행해야 한다. 넷째, 경영자와 작업자는 친밀하고도 우호적인 유대관계를 유지해야 한다.

정확한 작업방법과 사용해야 할 도구나 설비를 정하고, 규정된 작업방법에 따라 작업할 수 있도록 작업자를 훈련시키는 것 등의 '작업의 과학화'가 테일러로부터 시작되었다. 이로 인해 그는 적당한 비용으로 높은 수준의 생산성을 유지하기 위해 공학의 원리와 과학적 경영기법을 생산기업에 적용하는 연구분야인 '산업공학(Industrial Engineering, IE)의 아버지'라고 칭해지고 있다.

산업공학은 공학(engineering) 중에서도 인간·자재·설비의 통합된 여러 시스템을 설계하여 개선하고 설정(install)하는 것을 대상으로 한다. 통합된 여러 방법을 설계·개선 및 설정할 경우에 생기는 결과를 명시하여 예측하고 평가하기 위해 공학상의 분석이나 설계의 원칙과 기술, 수학, 자연과학 등에서의 전문지식이나 기법 등을 사용한다.

2) 메이오의 사회적 인간관계론

테일러의 과학적 관리론은 새로운 방향의 인간관계 연구를 위한 계기를 마련해 주었으나, 지나친 능률위주 관리방법으로 인간기계론적이라는 비판을 받으면서 기능적 측면보다 심리적이고 사회적 측면을 강조하는 인간관계 이론이 나타나게 되었다.

메이오(Mayo, 1880~1949)와 뢰슬리스버그(Roethlisberger) · 딕슨(Dicson) 등 하버드대 경영학부 교수들은 미국 시카고의 웨스턴 일렉트릭(Western Electric) 회사의 호손(Hawthorme) 공장에서 1927년부터 1932년까지 노동자들을 대상으로 4차에 걸쳐 수행한 이른바 호손실험(Hawthorne Studies)을 하였다. 이 연구는 직업에서의 개별 인간의 행동이 집단의 중요성에 미치는 영향을 알아보고자 한 것이다. 연구 결과에 따라 피로감과 단조로움이 직업 생산성에 영향을 미치고, 이를 통제하기 위해서 필요한 요소들로 휴식시간, 노동시간, 작업장 분위기 등을 찾아냈다. 그리고 작업장은 사회적 환경의 장이며, 그 안에서 사람들은 경제적 자기 이윤보다 더 많은 요인들에 의해서 동기화된다는 것을 발견하였다. 노동자에게 관심을 가져 주는 것이 노동자의 행위와 생산성에 영향을 미치고 변화가 야기되며, 그렇지 못할 경우 생산성에도 악영향을 미친다는 사실을 알게 된 것이다. 이로써 경영자가 어떻게 해야 하는지를 확실하게 추론할 수 있었다.

호손실험은 당초 과학적 관리론의 바탕 위에서 작업장의 조명, 휴식시간 등 물리적·육체적 작업조건과 물질적 보상방법의 변화가 근로자의 동기유발과 노동생산성에 미치는 영향을 분석하기 위해 설계되었으나, 실험의 결과는 종업원의 생산성이 작업조건보다는 비공식집단의 압력 등 사회적 요인에 의해 더 많은 영향을 받는다는 사실을 발견하게 되었다.

첫째, 조직구성원의 생산성은 생리적이거나 경제적 유인으로만 자극받는 것이 아니라 사회적이고 심리적 요인에 의해서도 크게 영향을 받는다는 점이다.

둘째, 이러한 비경제적 보상을 위해서는 대인관계나 비공식적 자생집단 등을 통한 사회적이고 심리적 욕구의 충족이 중요하다는 점이다.

셋째, 이를 위해서는 조직 내에서의 의사전달이나 참여가 존중되어야 한다는 점 등이다.

이와 같은 메이오의 '호손실험'은 인간관계 연구에 있어 인간중심적인 관리를 중시함으로써 사회심리학적 중요성에 대한 인식을 촉진시켰다는 점에서 사회학적 인간관계론 또는 신고전적 조직이론으로 불려진다. 그리고 이후 모레노(Moreno)·레빈(Levin)·호먼스(Homans) 등에 의해 리더십이나 소집단 행동과 관련된 문제들에 관한 연구가 계속되면서 1950년대에 본격적으로 발달한 현대적 인간관계론의 기초 역할을 담당하게 되었다.

특히 첫째, 조직 내 인간적 요소에 초점을 둔 체계적 인간행태에 대한 최초의 연구라는 점, 둘째, 이 연구의 결과로 인간관계의 이론이 체계적으로 성립되었다는 점, 셋째, 조직 내 사람들에 대한 동기부여에 있어 경제적 요인보다 개인의 가치관·신념·감정 등이 중요함을 인식하였다는 데 의의가 있다.

다만, 첫째, 지나치게 친경영자적인 입장이라는 점, 둘째, 사회 전체와의 관련성을 경시하였다는 점, 셋째, 노동조합과의 관계를 외면하였다는 점, 넷째, 조직의 공식적 측면에 소홀하였다는 점, 다섯째, 일에 대한 동기와 관련한 직무 중심의 인간행동 동기가 배제되었다는 점 등의 한계점이 있다. 미국의 사회학자인 벨(Bell, 1919~2011)은 메이오의 이론이 사람을 기계화함으로써 인간의 능력이나 인간의 자유를 경시했다고 비판하기도 하였다.

3) 행동과학에 의한 인간자원 관리론

1953년 미국 스탠퍼드 대학에서 '행동과학 고등연구소'를 설립해 인간행동에 관한 일반이론을 생물과학과 사회과학의 영역에서 실증적으로 만들어내, 인간행동의 예측·제어를 지향하는 '행동과학'이 새로운 학문영역으로 자리매김하게 되었다. 행동과학은 인간행동의 일반법칙을 체계적으로 규명하여 그 법칙성을 정립함으로써 사회의 계획적인 제어나 관리를 위한 기술을 개발하고자 하는 과학적 동향을 말한다. 이와 같은 행동과학은 인간관계에 대한 연구에 있어서도 상호 간에 일어나는 현상을 분석하고 이해하며, 궁극적으로 어떻게 해야 바람직할 것인가에 대한 처방에 이르기까지 다방면에서 인간관계이론을 발전시킬 수 있는 기틀을 마련하였다.

인간관계에 있어 행동과학적 접근을 대표하는 것이 '인간자원 관리론'이다. 인간자원이란 조직체에서 이용 가능한 인적 집단을 말한다. 어느 조직에서나 가장 중요한 자원은 인적 자원이다. 인간자원은 인간이 가지고 있는 경제적 가치나 원활히 운영되고 있는 조직 등을 다른 물자와 마찬가지로 생산자원으로 본 것이다. 인간자원 관리론에서는 모든 인간은 가치 있는 목적을 수행하는 일에 효율적으로 그리고 창의적으로 공헌하기를 바라기 때문에 관리자는 자신의 부하들이 조직의 목적을 달성하는 데 모든 재능을 바칠 수 있는 환경을 조성해 이들의 창조적 자원을 개발하는 데 중점을 둘 필요가 있다고 주장한다.

현대적 인간관계론, 즉 인간자원 관리론에서는 다음과 같은 가정들이 공통적으로 적용된다.

첫째, 조직효과를 최대화하기 위해서는 인간의 성장과 동기를 높이는 풍토를 조성하는 내부구조를 우선적으로 고려해야 한다.

둘째, 불확실하고 급변하는 상황에서 탄력적이고 적응적인 문제해결에 부합하는 조직은 권한이나 위계에 의존하는 관료적 구조와는 거리가 멀다.

둘째, 조직에 있어서 개개인의 고립, 냉담, 빈약한 작업성과 같은 부정적 결과는 직무 자체에서 얻는 만족, 예컨대 성취감이라든지 작업의 본질적 가치 등과 밀접한 관계가 있다.

이와 같은 현대적 인간관계론은 경영학이나 행정학에서 인사조직관리론이라는 이름으로, 교육학에서는 교육심리학, 심리학에서는 사회문화심리 및 상담심리학 등의 분야와 밀접한 관련을 맺고 다뤄지고 있다.

4) 인간관계론의 특징

지금까지 살펴본 '과학적 관리론', '사회적 인간관계론 ', '인간자원 관리론'은 결국 근대 산업사회 발전과정과 밀접한 연관이 있다. 18세기 후반에 이르러 산업사회는 '1784년 영국에서 시작된 증기기관과 기계화로 대표되는 1차 산업혁명 →1870년 전기를 이용한 대량생산이 본격화된 2차 산업혁명 → 1969년 인터넷이 이끈 컴퓨터 정보화 및 자동화 생산시스템이 주도한 3차 산업혁명 → 2016년 로봇이나 인공지능(AI)을 통해 실제와 가상이 통합돼 사물을 자동적·지능적으로 제어할 수 있는 가상물리시스템의 구축이 기대되는 4차 산업혁명' 시대로 급격한 변화를 이뤄왔다. 인간관계론은 바로 이와 같은 산업사회의 발전과정에서 각 시대적 관점을 통해 인간을 '경제인(economic man)', '사회인(social man)', '자아실현인(self actualizing)'으로 바라보면서 사람과 사람 간의 복잡한 관계 속에서 일어나는 문제에 대한 해결책을 찾는 방법을 모색하려 하였다.

이상과 같이 근대 산업사회에서 형성된 인간관계론의 특징은 다음과 같이 정리할 수 있다.

첫째, 사람에 대한 관심을 다룬다. 인간은 사회적 동물이다. 개인은 사회 없이는 존재할 수 없다. 인간이 개인으로서 존재하고 있어도 그 개인이 유일적(唯一的)으로 존재하고 있는 것이 아니라, 끊임없이 타인과의 관계하에 존재하고 있다. 사회 속에서 인간은 더불어 살아가야 한다. 독불장군은 살아갈 수 없다. 그렇다면 사람이 어떻게 다른 사람들과 함께 살아가야 할까? 그 해답을 찾는 것이 바로 인간관계론이다.

둘째, 인격과 인격의 관계는 형식적 관계를 배제한다. 인격은 옳고 그름과 선악을 판단해 자유롭게 의지를 결정하고 그것을 바탕으로 행위를 하는 바로 그 주체이다. 한 개인이 다른 개인과 관계를 맺고 유지하는 것은 그 자체가 목적이어야 하지, 다른 목적을 위한 과정으로서의 수단이나 형식적 절차이어서는 안 된다.

셋째, 조직의 생산적 관계를 지향한다. 조직은 개개의 요소가 일정한 질서를 유지하면서 결합하여 일체적인 것을 이루고 있는 형태를 말한다. 특정한 공동의 목표를 달성하거나 추구하기 위해 의도적으로 구성된 사람들의 집합체로서 분업과 통합의 활동체계를 갖춘 '사회적 단위(social unit)'이다. 조직은 구조와 과정 및 규범을 내포하고 있으며 외부환경과 여러 가지 상호작용을 한다. 현대사회는 조직사회(組織社會)라 말할 수 있으리만큼 여러 분야에 걸쳐 다양한 조직이 수없이 존재하고 있으며, 대부분의 사람들은 적어도 한 개 이상의 조직에 소속되어 있다. 인간관계론은 바로 이러한 조직 속에서 개개인들이 어떻게 바람직한 관계를 형성해 조직이 목표하는 것을 최대한 달성해 내느냐 하는 데 관심이 있다.

궁극적으로 볼 때 인간관계의 목표가 사람을 생산적이 되도록 만들고, 서로의 관심을 통해 협력하며, 그들의 관계를 통해 만족감을 얻게 하는 것이라고 한다면 '인간관계론'은 바로 이를 실현하기 위한 실천학문이라고 할 수 있다.

02 Chapter

자아찾기

학습목표

1. 자아개념의 학문적 정의를 이해한다.
2. 자아개념의 구성요소와 기능을 살펴본다.
3. 자신을 보는 관점과 접근법을 살펴본다.
4. 자아개념 증진방법으로서 자아개방을 살펴본다.

01 자아개념의 의미와 기능

1) 인간관계와 자아개념

자아란 사고, 감정, 의지 등 여러 작용의 주관자로서 이 여러 작용에 수반하고, 또한 이를 통일하는 주체이다. 따라서 그것은 그때그때의 사고·감정·의지의 각 작용의 변화에도 불구하고 지속성과 동일성을 지니는 것이어야 한다. 그러나 또한 자아의 구체적인 내용은 그때그때 각 작용의 내용과 관계없는 것은 아니며, 그것들에 반성의 눈을 돌림으로써 비로소 얻어지는 것이다. 여기에 자아란 문제의 복잡성이 있다.

철학상 자아의 자각은 '너 자신을 알라'고 가르친 고대 그리스의 대표적인 철학자 소크라테스(Socrates)에게서 비롯된다. 그러나 자아의 문제가 철학의 주제로 된 것은 인간의 주체성이 확립되는 근세 이후의 일이다. 서양 근대철학의 출발점이 된 철학자 데카르트(Descartes, René)는 '나는 생각한다. 고로 나는 존재한다(cogito, ergo sum)'라는 명제에 의하여 '생각하는 나'를 정신이라 부르고, 이를 항상적 실체로서 확립하였다. 이에 반해 흄(David Hume) 등 영국 경험론자들은 그때그때의 감각·감정을 떠나서 자아는 없고 그것들의 총체가 바로 자아일 따름이라고 하여 자아의 정신적 실체성을 부인하였다. 이에 따라 자아의 정신적 실체성을 주장하는 합리론의 입장과 그것의 감각적 다양성을 주장하는 경험론의 입장이 서로 대립하게 되는데, 인식론의 관점에서 이것에 해결을 부여한 것이 칸트(Immanuel Kant)이다.

칸트는 자아의 실체성은 부인하지만, 모든 인식의 가능성의 근거는 경험적 자아에 있는 것이 아니라 모든 경험적 표상(表象)에 필연적으로 수반되지 않으면 안 되는 '나는 생각한다'라는 통각(統覺), 즉 선험적(先驗的) 자아에 있다고 하였다. 현대철학에 있어서 자아의 문제는 이러한 인식론적·형이상학적 관점보다 오히려 윤리적·인간학적 관점에서 다루어진다. 사르트르(Jean Paul Sartre)는 그의 철학 논문「자아의 초월」(1934)에서 모든 표상에 '나는 생각한다'가 수반되는 것은 아니라고 하여 칸트적인 선험적 자아를 부인하였다.

그리고 「존재와 무(無)」(1943)에서는 ‘나’의 존재가 타자(他者)에 의하여 근저로부터 위협받고 있다는 점을 언급하면서 자아는 그 존재의 근저에 있어 대타적(對他的) 존재라고 주장하였다.

인간관계에 있어서는 각 개인이 자기 자신에 대해 지니고 있는 생각과 신념에 따라 다른 사람을 대하는 태도가 달라진다. 이처럼 자신과 타인에 대한 상호 간의 수용이야말로 건전한 인간관계를 형성하는 기본적 토대라고 할 수 있다. 또한 각 개인이 마음속으로 생각하거나 느끼는 것을 있는 그대로 다른 사람들이 볼 수 있게 행동으로 표출한다면, 상대방은 그 사람에 대해서 좀 더 잘 이해하고 신뢰하게 되며 나아가 이를 통해 원만한 인간관계를 형성시켜 나갈 수 있게 될 것이다.

이처럼 인간관계의 본질이라고 할 수 있는 자기 자신에 대한 신념체계를 통상 ‘자아개념(self-concept)’ 또는 ‘자기정체성(self-identity)’이라고 한다.

2) 자아개념의 의미와 특징

자아개념은 개인의 행동을 이해하는 데 있어 중요한 구성요인의 하나로서 인간의 본질을 규명하고자 하는 탐구가 시작되면서 함께 발전되어 왔다. 교육학의 사전적 의미에서 ‘자아개념’은 대체로 개인이 자신에 대해 가지고 있는 견해 또는 주어진 시점에 자기 자신에 대하여 가지고 있는 생각을 의미한다. 이때 자아개념은 긍정적 개념과 부정적 개념으로 대별할 수 있다. 다만 여기서 자아개념이 단순히 긍정과 부정의 유목(類目)으로 양분될 수 있는 성질은 아니

이런 점은 긍정적이다', '나의 이런 점은 부정적이다'와 같이 판단하고 평가한다. 생애 초기 아동은 타인과의 의사소통 안에서 그들이 자신한테 보이는 언어나 행동을 통해 자신을 지각하고 자신의 가치를 평가한다(Harter, 2006). 또한 아동들은 자기에게 갖고 있는 기준이나 기대와 비교하면서 자신의 모습을 판단하기도 하는데, 예를 들어 '나는 예쁘게 생겼어', '나는 운동을 잘해', '나는 사람들과 함께 있는 것을 좋아하고 그들 역시 나와 있는 것을 좋아해'와 같이 판단하는 것이다. 이처럼 자신의 특성을 긍정적이나 부정적으로 평가하는 요소를 '자아존중감(self-esteem)'이라고 한다.

이런 관점에서 자아존중감이란 자아개념의 평가적인 측면으로 자신의 가치에 대한 판단과 그러한 판단과 관련된 감정을 말한다. 인간이 자기 자신을 어떻게 이해하고 평가하느냐에 대해 오래전부터 많은 연구가 진행되어 왔다. 이는 자기 자신을 어떻게 알고 있는지가 자신에 대한 만족도를 결정하며, 더 나아가 이러한 만족도로 인해 앞으로의 문제나 상황에 대한 태도와 대처행동이 달라지기 때문이다. 자아존중감 발달에는 환경이 중요한 역할을 하는데, 아동이 가장 많이 상호작용을 하고 영향을 받는 부모와의 대화와 경험을 바탕으로 자아존중감이 달리 형성될 수 있다.

자아존중감이 높은 사람과 낮은 사람은 여러 방면에서 차이를 보인다. 한 예로 자아존중감이 높은 사람은 친사회적인 경향이 있지만 낮은 사람은 반사회적인 행동을 보일 가능성이 높다는 연구(Baumeister et al., 2003)가 있다. 이렇듯 자아존중감은 우리의 인지, 행동, 앞으로의 경험 등을 결정할 수 있으므로 매우 중요한 요소라고 할 수 있다.

자아존중감과 유사한 용어로 자존심과 자부심이 있다. 자아존중감과 자존심은 스스로를 존중한다는 의미에서 유사하지만 그러한 존중의 원천이 무엇인가라는 측면에서 차이가 있다. 자아존중감은 상황에 관계없이 스스로에 대한 존중이 확고한 것이고, 자존심은 상대방과의 평가를 통해 자기만족감을 얻는 것이다. 자부심 역시 상황에 따라 나타나는 일시적인 자기만족감이다. 자부심은 특히 자신의 능력이나 노력에 의해 좋은 성과가 나타났을 때 나타나는 긍정적인 자기 평가이다. 반면 자아존중감은 상황과 관계없이 일생 동안 이어진다.

2) 세 가지 차원의 자아존중감

자아존중감은 가치, 능력, 통제 이렇게 세 가지 차원으로 이루어져 있다(Curry & Johnson, 1990).

첫 번째, 가치의 차원은 내가 나를 가치 있다고 생각해서 얼마나 긍정적으로 판단하고 좋아하는지, 혹은 다른 사람들이 자신에 대해 얼마나 가치 있다고 여기고 좋아하는지에 대한 평가의 차원이다. '나는 내가 좋아' 혹은 '사람들은 나를 좋아해'와 같은 것이 평가 차원의 예이다.

두 번째, 능력의 차원은 나에게 맡겨진 과제나 내가 정한 목표를 완수하고 성취할 수 있다고 생각하는 믿음을 말한다. 예를 들어 '나는 숙제를 늘 잘 해놔', '나는 내가 하고 싶은 일을 끝까지 꼭 해낼 수 있을 거야'와 같다.

세 번째, 통제의 차원은 내가 내 주변에서 벌어지는 상황에 영향을 미칠 수 있고 통제할 수 있다고 느끼고 믿는 정도를 말한다. 통제

차원에서 자신을 부정적으로 평가하는 사람은 '나는 무슨 일을 해도 안 돼. 운이 안 따라 주니까'라고 생각하겠지만, 긍정적으로 평가하는 사람은 '내가 이 상황에서 할 수 있는 일은 이거야. 이걸 내가 잘 해낸다면 상황이 나쁘게 흘러가지는 않을 거야'라고 생각할 것이다.

따라서 위의 세 차원에 대해 자신을 긍정적으로 판단하는 사람을 자아존중감이 '높은' 사람, 반대로 전반적인 차원에서 자신을 부정적으로 판단하는 사람을 자아존중감이 '낮은' 사람이라고 본다(Damon & Hart, 1982).

리어리 등(Leary et al., 1995)은 인간이 사회적인 동물이기에 다른 사람들에게서 배척당하지 않기 위한 적응적인 수단으로 자아존중감이 생겨났다고 주장했다. 이들은 다른 사람한테 내가 배척당할 가능성이 얼마나 되는지에 따라 자아존중감이 달라진다고 보았다. 예를 들어, 자아존중감이 높은 사람은 자신들이 타인에게 거절당하거나 배척당할 가능성이 매우 낮다는 것을 인식하기 때문에 타인의 이목에 신경 쓰지 않고 나 자신을 중요하게 생각한다. 반면 자아존중감이 낮은 사람은 타인에게 거절이나 배척을 당할 가능성이 높다고 인지하기 때문에 자아존중감이 낮아지고, 결국 나 자신이 무엇을 원하고 할 수 있는지보다 남이 나를 어떻게 생각할지에 대해 민감하게 생각한다.

결국 자아존중감은 나 스스로 생겨나는 개념이 아니다. 타인과의 의사소통이나 사회적인 경험으로 인해 생겨나며 그것은 결국 다시 자신에게 영향을 미친다고 볼 수 있다.

3) 자아존중감의 발달

자아존중감은 나이가 들면서 그 수준과 성격이 달라지는데, 그 양상을 연령대에 따라 구분해 보면 다음과 같다(Harter, 2003).

첫째는 유아기로 걸음마기와 학령 전기의 유아들은 어떤 분야에서든지 자신이 타인보다 월등하며 능숙하게 해낼 수 있다고 생각한다. 따라서 이 시기의 아동은 자신의 실제 능력을 과대평가하고 자신이 해야 하는 과제는 과소평가하는 경향이 있다. 그러나 이 시기의 자아개념은 현재 상태에 중점을 두고 있기 때문에 상황에 따라 자신에 대한 평가가 달라진다. 예를 들어, 혼자 양말을 신을 수 있게 되어 엄마가 칭찬해 주면 '난 뭐든지 잘 할 수 있어'라고 생각하지만, 신발을 잘 못 신는 자신을 보고 놀리는 오빠를 보고 '난 할 수 있는 게 아무것도 없어'라고 생각하는 것이다.

둘째는 학령기로 학령 전기와 학령 초기의 아동들은 다양한 영역에 따라 자신을 다르게 평가한다. 예를 들어, 만 5~7세 아동들은 자신을 긍정적으로 평가하기 때문에 자신의 능력을 실제나 기대보다 높게 평가하지만, 타인과의 관계나 학교생활에서 부정적인 경험을 하면 과대평가했던 자신의 가치와 능력을 낮게 평가하기 시작한다. 그러나 만 8세가 되면 자신의 능력을 더 현실적으로 평가하기 시작하며, 다양한 분야에서의 자기지각을 바탕으로 자기평가를 한다. 예를 들어, 자신이 학업과 관련된 분야에서는 유능하다고 긍정적인 평가를 하지만, 신체활동 분야에서는 유능하지 않다고 평가할 수 있다. 그러나 유능하지 않다는 자기평가로 인해 자아존중감이 낮아지는 것이 아니며, 특정 영역에 대한 자기평가가 분화

된다는 의미이다.

셋째는 청소년기로 이 시기가 되면 전반적으로 자아존중감이 떨어지는 경향이 있다. 아이들의 성(gender)에 따라 이 시기의 자아존중감 패턴이 달라지기도 한다. 예를 들어, 클링 등(Kling et al., 1999)은 청소년기의 남학생들보다 여학생들이 자아존중감이 더 크게 떨어지는 경향이 있다는 사실을 발견하였다.

4) 자아존중감의 영향

자아존중감은 여러 영역에 영향을 주는데, 구체적으로 어떤 영역에 영향을 주는지는 다음과 같다.

첫째는 '학업'이다. 캐나다 아이들을 대상으로 학업적인 자아존중감이 어떤 영향을 끼치는지를 알아본 종단 연구 결과에 따르면 초등학교 때 학업적으로 자아존중감이 높은 아이들은 이후 성인이 되었을 때 학업적인 성취를 더 잘했다고 한다(Guay, La Rose & Boivin, 2004). 또한 같은 방법으로 학업적인 자아존중감이 높은지, 낮은지에 따라 아이들이 학업에 얼마나 노력하는지, 학교수업에 얼마나 흥미를 느끼는지도 달라진다는 사실이 밝혀지기도 하였다(Denissen, Zarrett & Eccles, 2007).

둘째는 '사회적 관계'이다. 리어리와 맥도널드(Leary & Mcdonald, 2003)의 연구에 따르면 자아존중감이 높은 사람의 경우 친구와 긍정적인 관계를 맺는 경향이 높으며 더 친사회적인 성격을 가지고 있지만, 자아존중감이 낮은 사람의 경우 반대로 외로움을 잘 타고 친구가 적다고 한다. 또한 자신이 이미 갖고 있는 관계가 있을 지라도 그 관계에 만족하기보다 자신이 타인에게 더욱 수용 받기를 원하기 때문에 기존의 관계가 악화되는 경우도 있다. 이러한 연구 결과는 앞에서 설명한 리어리 등(Leary et al., 1995)의 주장을 뒷받침한다고 볼 수 있다.

셋째는 '자기판단 및 통제'이다. 자아존중감이 높은 아동의 경우 자신의 능력을 믿고 높게 평가하며, 사교적이면서 자기 주장적인 경향이 있다(Leary & Mcdonald, 2003). 그만큼 자신이 자기 삶과 운명을 통제할 수 있다고 믿기 때문에 도전적인 상황에서 잘 해낼 수 있다는 자신감이 높은 것이다(Baumeister et al., 2003). 이러한 높은 자신감 때문에 타인과의 상호작용에서 긍정적인 기능을 한다고 보는 학자들도 있다(Leary & Baumeister, 2000). 이들의 긍정적이고 낙천적인 생각과 신념은 장애에 직면하는 상황에서도 발휘된다.

장애나 한계에 부딪치는 상황에서 자아존중감이 높은 사람들은 자신의 생각과 판단에 확신을 가지고 타인에게 이를 표현한다. 이들은 나이가 들어 경험이 점점 쌓여갈수록 자신의 능력에 대해 정확하게 평가하며 자신이 잘하는 영역과 못하는 영역을 현실적으로 구분해 성공하지 못했을 경우, 그 안에서 자신이 발견한 장점과 능력에 초점을 맞춰 긍정적인 감정을 지속시키도록 한다(Harter, 2006). 결과적으로 볼 때 높은 자아존중감은 자신의 삶의 만족도, 행복, 정신 건강에 긍정적인 영향을 미친다.

반대로 자아존중감이 낮은 사람은 우울, 자살과 같이 부적응적인 삶과 관련성이 높으며(Baumeister et al., 2003; Harter, 2006), 반사회적인 행동이나 비행과 연관이 높을 가능성이 있다(Donnellan, Trzesniewski, Robins, Moffitt & Caspi, 2005). 이들은 자신에 대해 부정적인 평가를 하기 때문에 타인에게 거부당할 것을 두려워하며 자신의 능력을 늘 의심한다. 자신이 갖고 있는 능력을 현실적이고 객관적으로 파악하지 않고, 과소평가하고 부정적으로 평가하기 때문에 장점보다는 약점에 초점을 둔다(Brown, 1998). 또한 장애나 한계에 직면하는 상황에서 자신의 실패에 초점을 두며 자신이 타인이나 상황에 대해 영향을 주기 힘들다고 생각한다.

바우마이스터 등(Baumeister et al., 2003)의 연구에 따르면 자아존중감이 낮은 사람은 성공을 좌우하는 것은 자신의 통제 밖의 요소들이기 때문에 아무리 열심히 노력할지라도 운이 따라 주지 않으면 실패하게 될 것이라고 생각한다고 한다. 또한 상처받기 쉬운 자신을 위해 다른 사람과 거리를 두거나 타인을 비방해 자신을 높이기 혹은 반대로 자신을 극심하게 낮추는 등 여러 방법을 통해 정교한 방어책을 만들기도 한다(Dreikurs, 1991). 즉, 낮은 자아존중감은 행복하고 긍정적인 삶에 방해가 된다.

넷째는 '행복'이다. 자아존중감은 자기 자신에 대해 어떻게 생각하는지, 또는 자신이 무언가를 성취할 수 있는 능력이 있다고 느끼는지, 그리고 다른 사람들이 나에 대해 어떻게 생각하고 반응할지 등 개인의 전반적인 삶의 영역에서 중요한 역할을 한다(Baumeister, Campbell, Kruger & Vohs, 2003). 따라서 자아존중감이 높은지, 낮은지에 따라 개인이 삶에서 느끼는 행복감이 달라질 수 있다(Furnham & Cheng, 2000).

5) 자아존중감에 영향을 미치는 요인

아동이 주변 사람들과 함께 나누는 대화나 문화권마다 중요하게 생각하는 가치의 차이, 그리고 아동의 성차와 같이 여러 가지 요인들이 아동의 자아존중감에 영향을 미칠 수 있다. 아동이 상호작용하는 사람들과 문화적 환경, 그리고 아동의 성차에 따라 자아존중감이 어떻게 달라질 수 있는지를 살펴보기로 한다.

첫 번째는 '주변인들과의 대화'로 아동은 성인과 자기 자신 간 오가는 대화를 통해서도 자기 자신을 평가하는 데 영향을 받는다고 한다. "네가 책상 정리를 말끔히 잘해 주었구나. ○○는 정리하는 걸 아주 잘하는 것 같구나"와 같은 성인이 아동에게 말하는 대화방식은 아동이 자신을 어떻게 생각하는지 또한 미래의 자신에 대해 어떻게 평가하는지에 영향을 미친다(Nelson & Fivush, 2004; Thomson, 2006). 다시 말해 위와 같이 성인과 아동 간의 대화가 어떻게 이루어졌느냐에 따라 현재 아동의 자기평가뿐만 아니라 이후 자신의 어릴 적 기억에 대한 주관적인 느낌에도 영향을 미치며 더 나아가 아동이 특정 상황에서 성공할지, 아니면 그렇지 못할지를 판단하는 데 사용한다는 것이다(Laible & Thomson, 2007).

두 번째는 '문화(culture)'로 문화권마다 강조하고 중요하게 생각하는 가치가 다른데, 이 역시 아동이 자신을 평가하는 방식에 영향을 미칠 수 있다(Nelson, 2003). 다시 말해, 아동이 자신에 대해 어떻게 생각하는지는 아동이 자란 문화에 따라 달라질 수 있다는 것이다. 예를 들어, 남과 비교하는 것이 강한 아시아권 문화와 그렇지 않은 북미 문화권 아이들의 자아존중감 정도가 다르다는 연구 결과가 있다(Twenge & Crocker, 2002). 이 연구에서는 중국과 일본의 아이들이 학업성적이 높음에도 불구하고 남과 비교하는 문화 분위기 때문에 자기에 대한 평가를 북미 아이들보다 훨씬 낮게 한다는 결과가 나타난다는 점을 밝혀냈다.

세 번째는 '성차(gender difference)'로 아이들의 성 차이가 자아존중감에 영향을 미치기도 한다. 일반적으로 여자아이들보다는 남자아이들이 자기에 대한 평가를 더 높게 하는 경향이 있으며(Young & Mroczek, 2003), 여자아이들은 외모에 대한 높은 관심 때문에 타인과 자신의 외모를 자주 평가하고 비교하게 된다. 그리고 이 과정에서 자아존중감이 점차 떨어질 가능성이 있다(Dohnt & Tiggemann, 2006).

그동안 많은 연구자들은 자아와 관련된 자아존중감의 개념을 발전시켜 왔으며 자아존중감을 측정하는 다양한 방법들을 제시하고 있다. 이러한 개인의 자아존중감은 영·유아기 때부터 스스로에 대해 판단하면서 발달하지만, 자신의 관점을 벗어나 다른 관점에 기반한 객관적인 판단은 할 수 없고 상황에 따라 판단의 내용이 달라지는 불완전한 모습을 보인다. 나이가 들수록 자아존중감의 개념은 정교해지는데, 특히 청소년기의 자아존중감이 개인의 행동에 주는 영향에 대한 연구가 많이 이루어졌다. 예를 들어, 이 시기에 자아존중감이 낮을 경우에는 학업성취도가 낮아지기도 하며 심지어는 비행행동이 증가하기도 한다.

자아존중감은 단순히 자기 자신을 어떻게 느끼고 평가하는지에 국한된 것이 아닌 이후의 사고, 정서, 행동, 계획에도 영향을 미친다. 같은 경험을 하더라도 자아존중감이 높은지 또는 낮은지에 따라 그 사건에 대한 기억이나 이로 인한 자신의 평가와 느낌이 달라질 수 있으며, 더 나아가 앞으로 겪게 될 일들에 대해 어떻게 평가하고 대처하느냐가 달라진다. 따라서 자아존중감이 어떤 영향을 미치며 높은 자아존중감을 획득하거나 혹은 유지하기 위해서 어떤 것이 필요한지 추후 더 많은 연구가 진행되어야 할 것이다.

03 Chapter 성격과 인간관계

학습목표

1. 성격의 의미에 대해 이해한다.
2. 성격의 결정요인이 무엇인지를 살펴본다.
3. 성격발달이론과 성격특성이론에 대해 살펴본다.

01 성격의 의미와 결정요인

1) 성격의 의미

'성격'을 의미하는 'Personality'의 어원은 그리스어의 'per'(~를 통하여)와 ‘sonare’(말하다)의 합성어인 ‘persona’이다. 그 뜻은 원래 고대 그리스 연극에서 배우들이 쓰던 가면을 일컫는 말로서, 어떤 사람의 참모습 또는 숨은 내면이라기보다는 배우가 가면을 쓰고 무대 위에서 연극을 하듯이 인간의 일상 속에서 피상적으로 나타내는 사회적 이미지를 의미하는 것으로 사용되었다. 오늘날에도 예술 분야에서 인간의 어떤 타입(type)을 만들어 내거나, 개개의 행동에서 나타나는 사회적·심리적인 여러 특징들을 예술적으로 표현해 얻어지는 것을 성격(personality; character)이라 하고 있다.

그러나 우리가 일상생활에서 흔히 사용하고 있는 성격이란 말은 ‘개인이 가지고 있는 고유의 성질이나 품성’을 뜻하는 것이다. 다만 학문적으로는 그 접근방법에 있어서 다소 차이를 보이고 있다.

먼저 심리학에서의 성격은 인간의 정신생활을 전체로서 통일적으로 나타내는 소질 내지 개성을 가리킨다. 심리학자인 차일드(Child)는 “성격이란 개인의 행동을 한 시점으로부터 다른 시점에까지 일관성 있게 하고, 다른 사람들이 상응하는 상황에서 보일 행동과 다르도록 만드는 상당히 안정적이고 내적인 요인들”이라고 보다 구체적으로 정의하고 있다.

다음으로 교육학적 의미에서의 성격은 사람의 지속적인 동기의 경향이나 비교적 오랫동안 계속되는 행동성향의 조직 내지 집합이다. 이는 인지적 사고나 가치, 그리고 신체적 특성을 포괄하는 개념이기는 하나 감정적이거나 의지적 특징과 같은 정의적 측면을 주로 가리킨다. 특히 어떤 사람의 독특하거나 두드러진 행위와 생각을 결정한다고 간주되는 심리적 복합이나 무의식적이거나 내현된 행동성향을 의미한다.

마지막으로 광범위한 윤리학적 견지에서 보면, 개인의 의욕, 행위, 태도에 일관되어 나타나는 그 인물의 특질을 말하며 품성(品性)이라고도 한다. 그러나 이 성격은 행위에 의해 변용되기도 하고 영향을 받기도 한다.

결론적으로 볼 때, 성격이란 '정체성의 핵심을 형성하는 생각, 판단, 감정반응의 패턴으로 오랫동안 반복적으로 지속되며 어떤 환경에서든 일관되게 나타나는 것'이라고 정의할 수 있다.

2) 성격과 관련된 여러 학설

커텔(Raymond Bernard Cattell, 1905~1998)은 성격이란 어떠한 주어진 상황에서 그가 어떠한 행동을 할 것인가를 우리들에게 예상케 하는 것이라고 하였다. 그런데 다실(J. F. Darsheel)은 성격을 조직화된 행동의 전체적인 모습이라 보고 특히 지인(知人)들에게 일관된 상태로서 특색이 인정되었을 때 결론지을 수 있는 것이라고 하였다. 그리고 노트컷(B. Notecut)은 성격을 주로 개인이 속해 있는 집단 내에서 다른 사람으로부터 구별되는 행동에 관련된 것이라고 하였다.

이렇게 보면 성격은 개개인을 구별하는 생득적(生得的)·습관적인 것으로서 비교적 안정된 정신·신체적인 기초구조를 형성하는 중핵체라고 볼 수 있다. 그러나 월런(H. Wollan)은 성격의 정의를 내릴 때 세 개의 좌표를 정해야 한다고 하였다. 즉, 첫째는 상황과 사물, 둘째는 생리적 균형, 셋째는 때(時)이며, 이 3자 중에서 어느 하나가 유력하더라도 다른 요소를 제외하고는 논할 수 없다고 주장하였다.

이상과 같은 여러 학설 이외에 최근 특히 학자들이 지지하는 것으로는 올포트(G. W. Allport)와 메이(M. A. May)의 학설이 있다. 올포트는 성격이란 개인의 환경에 대한 고유한 적응을 규정하는 정신물리적 조직으로서의 개인 내의 역동적 체제라고 하였다. 여기서 정신물리적 조직이란 고대인이 생각한 것과 같이 성격을 단순한 정신으로 보지 않으며, 정신과 신체와의 통일적 조직체로서 파악되어야 한다는 것을 의미한다. 그것은 신체 및 정신적 제(諸)요소의 단순한 가산적(加算的) 총화로서가 아니라 끊임없이 변화하고 발전하는 역학적 관점에서 고찰해야 할 역동적 체제이다. 그것은 변동 그 자체가 아니라 그 배후에서 그것을 지배하는 것임을 의미한다.

한편 메이는 성격의 사회적 측면을 강조한다. 즉, 성격이란 사회에서의 개인의 역할 및 상태를 규정하는 모든 성질의 통합이라고 하였다. 성격은 다른 사람에게 어떤 자극을 주고 어떻게 평가되느냐의 사회적 효과에 지나지 않는다고 본 것이다. 그러므로 이러한 사고방식에 입각하면 고도(孤島)에서 혼자 사는 사람에게는 성격이란 생각할 수 없는 것이 된다. 인간은 사회적 동물로서 다른 사람과 밀접한 인간관계에 있으므로 이 학설은 확실히 일면의 진리를 내포하고 있다고 할 수 있으나 성격의 주체성이 무시되어 있는 것이 단점이다.

결론적으로 볼 때 올포트는 생리학적·심리학적 관점에 입각하여 유전적 측면을 중시하는 데 비해 메이는 사회학적·심리학적 관점에 입각하여 환경의 영향에 중점을 두고 있다. 그러나 성격의 올바른 개념은 양자의 어느 한쪽에 있는 것이 아니라 양자가 통합한 곳에 있다고 보는 것이 타당하다. 즉, 성격은 자신과 아울러 다른 사람으로부터 주어진 자신과의 양면에서 고찰해야 할 것이다.

Plus Tip 정체성·성격·기질·인격의 용어 구분 설명

※ 정체성(正體性; Identity)
정신분석학적 관점에서 자신의 내부에서 일관된 동일성을 유지하는 것과 다른 사람과의 관계에서 어떤 본질적인 특성을 지속적으로 공유하는 모든 것을 의미

※ 성격(性格; Personality)
생물학적-환경적 맥락 속에서 형성되어 어떤 상황에서든 일관된 패턴으로 나타나는 개인적 행동의 특성

※ 기질(氣質; Temperament)
성격 중에서 개인이 타고난 생물학적 맥락을 강조한 용어

※ 인격(人格; Character, Personality)
성격과 상호교환적으로 사용되기도 하지만 한 개인이 속해 있는 사회의 가치나 관습과 관련 있는 행동의 도덕적인 측면을 강조, 동양의 유교문화에서 주로 사용되는 윤리학적 용어

3) 성격의 결정요인

사람의 성격 또는 품성이 어떻게 결정되느냐 하는 것은 무엇보다 윤리·종교적으로 많은 관심 대상이었다. 동서양을 막론하고 윤리와 종교가 지향하는 바는 사회를 구성하는 개개인의 성격이나 품성을 바르게 만들어 보다 이상적인 세상을 만드는 것이기 때문이다.

서양 사상의 원조인 그리스의 철학자 플라톤(Platon)은 「국가론」에서 인간이 환경의 영향으로부터 독자적으로 타고난 면이 있다고 인정하면서도 그가 추구하는 이상국가(理想國家)를 만들기 위해서

는 지혜·용기·절제·정의와 같은 올바른 품성을 키울 수 있는 교육의 필요성을 주장하였다.

유교적 인간관은 인간의 본성은 선하지만, 세상살이의 사욕이 본성을 가려서 유혹에 넘어가기 쉽기 때문에 항상 자신을 억제하고 사람의 도리를 다할 수 있도록 끊임없는 수양과 수기의 과정이 필요하다는 입장이다.

불교적 인간관은 인간의 본래 심성은 맑은데 무지와 탐욕에 의하여 인생의 모습이 고통으로 나타날 수 있으므로, 고통의 원인을 깨닫고 탐욕을 버림으로써 이를 극복할 수 있다는 입장이다.

기독교적 인간관은 신이 인간을 우주 안에서 특별한 위치를 차지하게끔 창조하였지만, 인류 최초의 조상인 아담과 이브가 사탄의 유혹에 넘어가 원죄를 지었으므로 신과의 관계 속에서만 구원을 얻을 수 있다는 입장이다.

그러나 학문적으로는 같은 인간이면서 개개인마다 차이가 있는 성격을 결정하는 요인이 무엇인가에 대해서는 행동과학이나 사회과학에서 끊임없는 논쟁거리가 되고 있다. 그러나 각 개인의 성격을 결정하는 데에는 선천적·후천적(nature-nurture) 또는 유전적(본성)·환경적(양육 또는 교육) 요인이 함께 작용하고 있다는 사실에는 큰 이의가 없다. 다만 어떤 요인이 더 많이 작용하느냐에 있어서는 학자들 간에 주장이 각기 상이하다.

성격의 결정요인에 대한 논쟁은 영국의 유전학자로 우생학 창시자인 칼튼(Calton)에 의해 시작되었는데, '유전법칙'을 발견한 멘델(Mendel)보다 앞서 인간의 유전연구는 개개의 형질을 다루어야 한다면서 유전학을 인류개량에 응용해야 한다고 주장하였다.

성격은 염색체와 같은 유전적인 것과 생화학적인 특징 등과 같은 생리적인 것에 따라서 결정되기도 하나, 개인의 성장과 발달과정에서 경험하는 학습에 따라서 크게 달라지기도 한다. 성격은 비교적 안정되고 지속적인 특징을 지니고 있으나 발달단계에 따라서 또는 새로운 학습에 따라서 변화된다고 보는 경향이 우세하다.

(1) 성격의 유전적 요인: 타고난 기질적 특성

성격의 유전적 요인은 흔히 성질 또는 타고난 기질적 특성을 지칭하는데, 이는 부모로부터 물려받은 유전적 영향에 의해 성격이 결정된다는 것을 의미한다.

근세기 독일 정신병리학자인 크레치머(Kretschmer, 1888~1964)는 사람 생김새와 골격형으로 성격유형을 나누었는데, 이는 우리나라의 관상이나 사상의학과 유사하다.

태양인	소양인	태음인	소음인
외모: 머리가 크고 엉덩이가 작고 가슴 윗부분이 발달돼 있다. **성격**: 강직하고 과단성과 패기가 있으며 창조적인 반면 독선적이고 치밀하지 못하다.	**외모**: 상체 비만 스타일로 가슴이 넓은 편이지만 엉덩이가 빈약하다. **성격**: 솔직 담백하고 의협심이나 봉사정신이 강하나 성격이 급하고 마무리가 부족하다.	**외모**: 체격이 좋으며, 목덜미의 기세가 약하다. **성격**: 너그러운 반면 음흉한 편으로 의젓하고 맡은 일은 끈기를 가지고 꼭 성취하려고 하나 게으른 점도 있다.	**외모**: 하체 비만 스타일로 엉덩이가 크고 어깨가 좁은 편이다. **성격**: 섬세하고 치밀하며 온순하나 내성적이며 매사에 소극적인 편으로 간섭받기를 싫어한다.

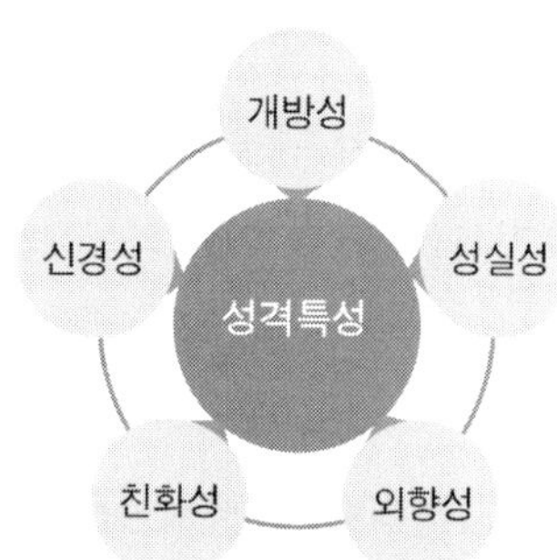

현대에는 맥크레이와 코스타(McCrae & Costa)의 다섯 가지 성격특성 요소(Big five personality traits)가 유명하다. 성격 요소에는 신경성, 외향성, 개방성, 친화성, 성실성의 다섯 가지 유형이 있는데, 이는 타고난 것이어서 자라면서 경험하는 것과는 독립적인 기질 특성이라는 것이다.

성격의 타고난 기질적 요인은 유아기와 성장 후의 실험적인 연구를 통해 실증적으로 입증되었다. 미국의 정신과 의사인 토마스와 체스(Thomas & Chess)부부는 1950년대 뉴욕에서 태어난 갓난아기들의 움직임, 안겼을 때 반응의 민감성, 리듬, 초기반응, 산만함, 수면 안정성, 집중력 유지시간 등 아홉 가지 변수를 측정하였다.

먼저 짜증을 자주 내거나 잘 우는 까다로운 기질(10%), 정상적인

식습관과 수면습관을 갖고 새로운 환경에 쉽게 적응하는 순한 기질(40%), 새로운 환경에 적응력이 떨어지지만 점차 익숙하여지면서 서서히 긍정적으로 반응하는 느린 기질(15%)의 아이들로 분류하였다고 한다. 그리고 10여 년간 성장과정을 추적 관찰한 결과, 10대 중반이 되어서도 갓난아기 때 분류한 기질에서 크게 벗어나지 않고 까다로운 아이는 여전히 까칠하고 예민하며 공격적 아이로 자라났고, 순한 아이는 배려심이 있지만 소심해서 새로운 것을 시도하지 못하는 내성적인 아이로 자라났다는 사실을 확인하였다.

성격에 대한 유전적 영향은 이른바 19세기말 칼튼(Calton)에 의해 시작된 쌍생아 연구라는 유전생물학적 연구에서 다양한 성격 차원에 대해 평균을 낸 결과, 일란성 쌍생아가 이란성 쌍생아보다 성격의 상관관계가 높다는 사실을 통해 상당부분 입증되었다.

1980년대 미국 미네소타 대학에서 심리학자, 정신의학자, 내과의사들이 합동으로 수많은 일란성 쌍생아들을 대상으로 실시한 쌍생아 연구(Minnesota Identical Twins Study)에서는 소극성, 사회적 역량, 공격성, 적극성, 자제력, 성취력, 사회적 친화력 등 성격 유형이 유전적 요인에 의해 결정되는 비율이 통상 45~50% 정도임을 확인하였다.

랑게(Lange)는 일란성 쌍생아와 이란성 쌍생아를 대상으로 각기 범죄를 행하는 일치율을 비교한 결과, 일란성 일치율(64.4%)과 이란성 일치율(28.9%)에 있어 차이가 있음을 규명하였다.

1979년 미국 오하이오 주 서부 출신의 일란성 쌍둥이 남자형제가 각각 다른 집에 입양되었다가 40세에 재회하였는데, 헤어스타일을 제외한 목소리와 얼굴도 구분하기 어려울 정도로 닮았고, 병

력도 비슷해서 고혈압과 치질, 편두통이 있었다. 좋아하는 담배 브랜드도 똑같았고, 두 사람 모두 개조한 자동차로 경주하는 것이 취미인데다 야구를 싫어했으며, 두 사람 모두 목공소를 운영하며 좋아하는 휴가지도 같고 애완견 이름도 토이(Toy)였다. 우연의 일치이겠지만 심지어 린다(Linda)라는 여성과 이혼하고 베티(Betty)라는 여성과 재혼한 것도 똑같았다고 한다.

(2) 성격의 환경적 요인: 성장환경이 미치는 영향

성격의 환경적 결정요인과 관련하여 많은 교육학자와 정신분석가들은 어릴 때와 성장과정에서의 경험이 무엇보다 중요하다고 강조하고 있다.

계몽주의자인 로크(John Locke)는 누구나 똑같은 서판(書板, tabular rasa)을 갖고 태어나며 그 위에 무엇을 쓰느냐가 중요하지 토양은 기본적으로 같다고 극단적으로 주장하고 있다.

정신분석학자인 프로이트(Freud)는 태어나서 다섯 살 때까지의 기억이 인생을 결정한다면서 '오이디푸스 콤플렉스(Oedipal complex)'의 중요성을 강조하였다.

행동학자인 스키너(Skinner)는 파블로프(Pavlov)의 '조건반사이론'을 계승해서 인간의 행동은 학습되며 어떤 조건을 부여하느냐에 따라 행동을 변화시키고 그 결과를 확정할 수 있다고 주장하였다.

이밖에 반두라(Bandura)의 '학습이론'이나 에릭슨(Ericsson)의 '발달이론' 등도 주변 환경의 중요성을 강조하고 있다.

'쌍생아 연구'라는 유전생물학적 연구를 통해서도 확인하였듯이 유전자가 일치하는 일란성 쌍생아의 경우에도 성격유형이 유전적 요인에 의해 결정되는 비율이 통상 45~50% 정도라는 것은 성격의 결정요인이 유전적 요인뿐 아니라 후천적·환경적 요인에 의해서도 결정된다는 사실을 역설적으로 입증하고 있다.

이처럼 후천적·환경적 요인에 의한 성격은 보통 10대부터 서서히 형성되어 20대에 대부분 완성되고 그 후로는 크게 변하지 않는다는 것이 통설이다.

결론적으로 볼 때, 인간은 사회적 동물이기 때문에 생존을 위해 남들을 따라하는 순응욕구가 강한 동시에 사회에 더 잘 적응하기 위해 경쟁자와는 다른 방향으로 진화·발전하려고 다르게 행동하는 '차이에 대한 욕구'가 끊임없이 작동하면서 자신만의 개성을 형성하게 된다.

인간에게 환경은 고정된 실체가 아니라 행위자가 능동적으로 선택하는 영향들의 독특한 구성물이며, 특정한 유전자를 가진 사람이 특정한 환경을 경험하고 선택할 가능성이 높지만 꼭 그 환경을 선택한다고 정해져 있지 않는 것이 현실이다.

02 성격형성에 관한 이론

1) 성격형성에 영향을 미치는 제반요인

성격의 체질적인 기초가 많은 부분 유전에 의하여 규정된다고 할 때 개개인의 신체 및 기능도 성격형성에 많은 역할을 한다. 예컨대 신체가 왜소한 사람은 운동경기나 기타 신체적 활동에 관한 장면에서 열등시되는 경험 때문에 사람들이 모인 곳에 나가려 하지 않는다거나, 남자다운 행동이 적다거나, 안정성이 없는 따위의 특성이 뚜렷해진다. 이와 반대로 신체가 강대한 자는 신체적인 자신감에서 사람들 앞에 서슴없이 나타난다거나, 남자다운 행동이 많아진다거나 안정성이 있는 등의 특성을 지니게 된다. 이처럼 신체의 강약은 신체적인 면뿐만 아니라 심리적 성격면에까지 커다란 영향을 미치게 된다. 그러므로 아동의 체형(體型)이 그 성격에 어떤 영향을 미치는 것은 사실이다. 그것은 아동의 지능이나 감성은 거의 대부분 신체적 운동을 통한 바깥세상과의 접촉에 의하여 발달하는 것이며, 또 아동의 사회성은 친구들과의 놀이나 스포츠 등을 통하여 육성되기 때문이다.

성격형성에서 습관이 지닌 역할도 매우 크다. 모든 행동은 한 번 시행되면 일종의 소질이라고도 할 수 있는 것이 발생한다. 그것은 다음에 동일한 것을 행하게 되면 용이하게 할 수 있으나 다른 것을 행하게 되면 반대로 어려워진다. 일정한 대상에 대하여 동일한 시행을 반복할 때에는 점차 그 행동이 쉬워져 나중에는 아무런 노력을 하지 않아도 기계적으로 행하게 된다. 이것이 습관(habit)이라는 것인데, 이른바 조건반응에 의하여 후천적으로 획득되는 것이다. 한 번 획득된 습관은 제 2의 본능이라고 할 정도로 강력한 힘을 가진다. 그러므로 좋은 습관형성은 좋은 성격을 기르는 것이 되며 나쁜 습관형성은 나쁜 성격형성의 본질이라고 하여도 과언이 아니다.

또한 성격은 소질적인 기질(氣質)과 생육환경(生育環境) 및 사회적 역할 등에 의하여 형성된다. 환경에 적응한 성격형성으로 열대·한대·섬나라·사막 등 지리적·풍토적 환경에서 생활하는 사람은 그

풍토 또는 엄격한 생활조건에 적합한 생활을 하여 성격이 형성된다. 직업생활에서 일정한 역할을 하게 되면 그 직업에 알맞은 형(型)이 형성된다. 예를 들면, 교사형·목사형이나 상인근성(商人根性)·기술자 근성 등과 같은 형이 형성되는 것이다. 또한 육아(育兒) 조건에서 욕구불만 유무에 따라 원만한 성격이 형성되느냐, 신경질적인 성격이 형성되느냐가 결정된다. 이와 같은 환경에 적응하여 형성된 성격에는 각 환경에 공통된 것을 볼 수 있으며, 이와는 달리 환경의 영향을 받는 가운데서 자아에 적응한 성격형성도 볼 수 있다.

2) 성격이론

성격을 설명하는 이론의 체계는 무척 다양하나 아직 성격의 모든 측면을 만족하게 설명할 만한 통일된 이론체계는 확립되어 있지 못하다. 그만큼 우리 인간이 지닌 성격의 특성과 구조가 복잡하기 때문이다. 그 결과로서 인간의 성격을 표현하는 말 자체가 정말 다양하다. 그 말들의 수만큼 성격은 다양한 측면과 종류들을 지니고 있음을 알 수 있다. 또한 성격에 관한 이론들 역시 마찬가지로 다양하다. 대표적인 이론의 체계로는 문화인류학이나 사회학에서 발전된 이론을 적용하려는 사회·문화적 환경이론, 생리학과 의학의 이론을 적용하려는 생리심리학적 이론이 있다. 심리학 영역에서 고유하게 발전된 성격이론의 체계로는 프로이트(Freud)와 융(Jung)의 정신분석이론, 아들러(Adler)의 정신역동이론, 로저스(Rogers)의 현상학적 자기이론, 올포트(Allport)의 특성이론 그리고 작동적 조건반사이론과 고전적 조건반사이론을 발전시킨 행동주의 이론, 생태심리학적 이론 등을 들 수 있다.

여기서는 성격형성의 심리적인 전제조건들이 어떻게 결합하여 한 개인의 독자적 성격을 구성하느냐에 관한 것으로서 대표적으로 '성격발달이론'과 '성격특성이론'으로 구분하여 설명하고자 한다.

(1) 성격발달이론

성격발달이론은 유기체의 생물학적 구조가 성숙과 발달의 과정을 거치게 되는 것과 같이 성격도 개인의 생득적 특성과 환경과의 지속적인 상호작용을 통해 성숙·발달된다는 관점에서 성격발달의 과정을 설명하는 이론이다. 이 이론에는 정신분석이론·행동주의이론·현상학적이론 등이 있으나 발달의 단계를 분명하게 구분하여 놓은 것은 주로 심리학적 연구들이다. 이 중 정신분석학자인 프로이트(Freud)의 심리성적 발달이론과 자아심리학자인 에릭슨(Ericsson)의 심리사회적 발달이론을 살펴보면 다음과 같다.

프로이트는 성격발달이 아동기에 모두 이루어지는 것으로 보고 있다.

첫 단계인 구강기(0~1세)는 아기가 태어나서 처음으로 성적 쾌감을 느끼는 곳이 구강이며, 이 시기에 엄마가 젖을 제때 주면 서로 간에 애착이 형성되지만 엄마가 수유를 제대로 하지 않으면 서로 간에 불신이 형성된다.

두 번째 단계인 항문기(1~3세)는 리비도(libido, 성본능)가 항문에 집중되어 있는 시기로 주로 대변을 배설하는 데서 쾌감을 느끼는데, 배변훈련에 있어 지나치게 엄격하면 지나치게 인색하고 완고

한 성격이 형성된다.

세 번째 단계인 남근기(3~6세)는 리비도(libido, 성본능)가 아동의 성기로 집중되는 때로 그리스 신화에서 유래한 오이디푸스 콤플렉스(Oedipus complex, 어머니에 대한 성적 애착)·엘렉트라 콤플렉스(Electra complex, 아버지에 대한 성적 애착)를 갖게 되는데, 이 시기에 고착이 발생하면 경솔 또는 과장이 심해진다.

네 번째 단계인 잠복기(6세~12세)는 리비도의 신체적 부위가 특별히 한정되지 않고 성적 에너지가 잠재된 시기로서 에너지는 신체의 발육과 성장, 지적인 활동, 친구와의 우정 등에 집중되어 성적인 관심은 줄어들고 자아·초자아가 강해진다. 이 시기에 고착이 발생하면 성인이 된 후 이성에 대한 정신적인 친밀감을 갖지 못한다.

다섯 번째 단계인 성기기(13세 이후)에는 이성에 대한 관심, 성적 에너지가 직접적으로 표현되는데, 이 시기는 성격발달단계 중에서 그 기간이 가장 긴 시기이다.

〈표 3-1〉 **프로이트의 성격의 발달단계**

발달단계	주된 발달 특징	성격 특징
구강기(0~2세) Oral stage	깨물기, 빨기, 삼키는 행위를 통해 성욕을 충족	수동적, 의타심, 논쟁적, 냉소적, 험담
항문기(2~3세) Anal stage	배설물의 보유와 배설을 통해 성적 충족, 사회적 통제 습득	고집 셈, 인색함, 복종적, 결벽증, 지저분함, 잔인함, 파괴적, 난폭함, 적개심
남근기(3~6세) Phallic stage	성기에 관심, 이성부모를 사랑, 동성부모 동일시와 초자아발생	남성 : 경솔, 야심, 과장적 여성 : 난잡, 경박, 유혹적
잠복기(7~12세) Latent stage	성욕이 잠재, 지적 관심, 동성 친구와의 우정 중시	리비도가 잠재되어 성격 유형이 발생하지 않음
성기기(13세 이후) Genital stage	이성에 관심, 2차 성징, 성행위 추구	의존적, 반사회적

에릭슨은 프로이트의 심리성적 발달단계에 비해 사회문화적 요소를 강조하면서 개인의 능력과 사회문화권의 요구 간의 접점이 어떻게 달라지는가에 따라 여덟 단계로 구분해 설명하고 있다.

첫째, 영아기는 신뢰 대 불신 단계로 유아가 세상에 대한 신뢰관계를 수립하는 단계이다.

둘째, 유아기는 자율성 대 수치 단계로 자신의 의지와 통제력을 발달시킨다.

셋째, 초기 아동기는 주도성 대 죄의식 단계로 주도적으로 자신의 삶에 관여함으로써 목표감과 가치를 추구하는 단계이다.

넷째, 후기 아동기는 인지적·사회적 기술을 연마하여 역량감을 키우는 근면성 대 열등감 단계이다,

다섯째, 청소년기는 다양한 실험을 통해 자신의 위치를 파악하는 자아정체감 대 역할 혼미의 단계이다.

여섯째, 성인 초기는 친밀한 대인관계를 형성하는 친밀감 대 고립감 단계이다.

일곱째, 중년기는 다음 세대를 위해 생산을 하고 희생을 하는 생산성 대 자기침체의 단계이다.

여덟째, 노년기는 자신의 인생을 평가하고 삶이 의미 있었음을 인식하는 자아통합 대 절망의 단계이다.

〈표 3-2〉 에릭슨의 성격형성의 8단계

발달단계(영향요인)	연령	특징
신뢰감 대 불신감 (어머니 영향)	0~1	경험의 일관성, 계속성, 동일성이 신뢰감을 형성한다.
자율성 대 수치심 (부모, 모방)	1~3	자기 나름대로 기능을 발휘할 수 있도록 하면 자율성이 길러진다. 또는 과보호나 도움의 결핍은 자기 능력에 대한 회의감이나 수치감으로 이어진다.
주도성 대 죄책감 (부모, 동일시)	3~6	활동에 적극 참여하고 탐구할 수 있는 기회 제공, 질문에 충실히 답해주면 주도성이 길러진다.
성취감 대 열등감 (이웃, 학교, 교사)	6~11	아동의 활동을 격려하고 노력을 칭찬하면 근면성이 나타난다.
동일감 대 역할혼돈 (친구, 연인, 또래)	12~19	서로 다른 상황에서 역할을 통합하여 자기 자신의 동일성을 인정받음으로써 정체감을 가지게 된다.
친밀감 대 고립감 (배우자, 동료, 사회)	성인 초기 (20~25)	타인과의 관계에서 친밀성을 형성해 나간다.
생산성 대 자기침체 (자녀, 친구, 지역사회, 배우자)	중년기	배우자와의 관계를 친밀성을 넘어서서 그 밖의 관계에 관심을 두게 된다.
통합성 대 절망감 (가족, 친구, 친척, 종교, 지역사회)	노년기	인생을 되돌아보며 더 차원이 높은 인생철학으로 통합을 이루어 나간다.

(2) 성격특성이론

성격특성이론은 현재 어떤 유형의 성격이 있는지에 관심을 두고 성격이 개개인마다 다른 특성이 있으면서도 그 성격들 간에는 어떠한 공통점이 존재하고 있다는 점에 입각해 이를 찾아내어 분류하는 이론이다. 대표적인 학자는 올포트(Allport)로 약 1,800개 정도의 형용사를 사용해 인간이 갖고 있는 성격의 특성을 구분하였다. 커텔(Cattell)은 이를 200개 정도로 묶어 최종적으로 16개의 성격유형을 선정하였다.

〈표 3-3〉 **커텔의 16개 성격유형 판별지표**

요인 명칭	높은 점수	낮은 점수
A	내성적	외향적
B	낮은 지능	높은 지능
C	정서 불안	정서 안정적
E	겸손함	독단적
F	심각함	낙천적
G	수단적	양심적
H	수줍음	대담함
I	강인함	예민함
L	신뢰함	의심이 많음
M	실질적	상상력이 풍부함
N	솔직함	교활함
O	평온함(자신감)	걱정이 많음(죄책감)
Q_1	보수적(보수주의)	실험적(급진주의)
Q_2	집단의존적	자립적
Q_3	변덕스러움	자제함
Q_4	긴장이 이완됨	긴장함

출처: Cattell(1965).

심리학자인 한스 아이젱크(Hans Eysenck)는 이를 더욱 단순화시켜 다양한 성격유형들을 얼마나 감정적이냐 안정적이냐의 차원과 얼마나 외향적이냐 내향적이냐의 두 가지 차원을 중심으로 분류하였다. 나중에는 이를 세 개로 확장해 '내향성-외향성, 안정성-불안정성(신경증적 경향, neurotism), 정신병적 경향성(psychoticism)'으로 분류하고 있다.

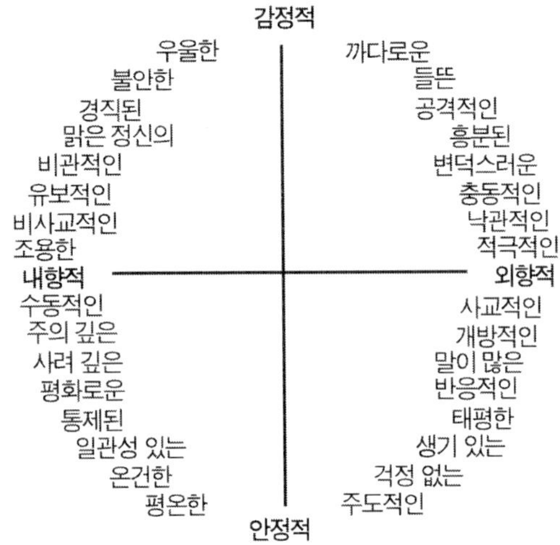

▌그림 3-1▐ 한스 아이젱크의 성격유형

최근에는 심리학자들이 성격의 개인차를 측정하는 검사를 개발하고 있는데, 가장 널리 쓰이는 모형이 맥크레이와 코스타(McCrae & Costa)의 '5요인 성격모형'(Big Five)이다. 이 모형에는 성실성, 동조성, 신경성, 개방성, 외향성이라는 다섯 가지의 요인이 포함되며, 이 요인들은 대부분의 문화나 인종에 있어서 보편적으로 사람의 성격특성을 이해하거나 각기 다른 사람들의 그에 따른 성격의 차이를 이해하는데 사용되어 왔다.

〈표 3-4〉 맥크레이와 코스타의 5요인 성격모형

5요인	하위요인
성실성	체계적인－비체계적인 조심성 있는－조심성 없는 자제력 있는－의지가 약한 온화한－무자비한
동조성	신뢰하는－의심하는 도움이 되는－비협조적인

(계속)

신경성	근심하는–평온한 불안전한–안전한 불쌍한–자족하는
개방성	상상력이 풍부한–실제적인 다양한–일정한 독립적인–동조적인
외향성	사교적인–수줍어하는 재미있는–진지한 다정다감한–말이 없는

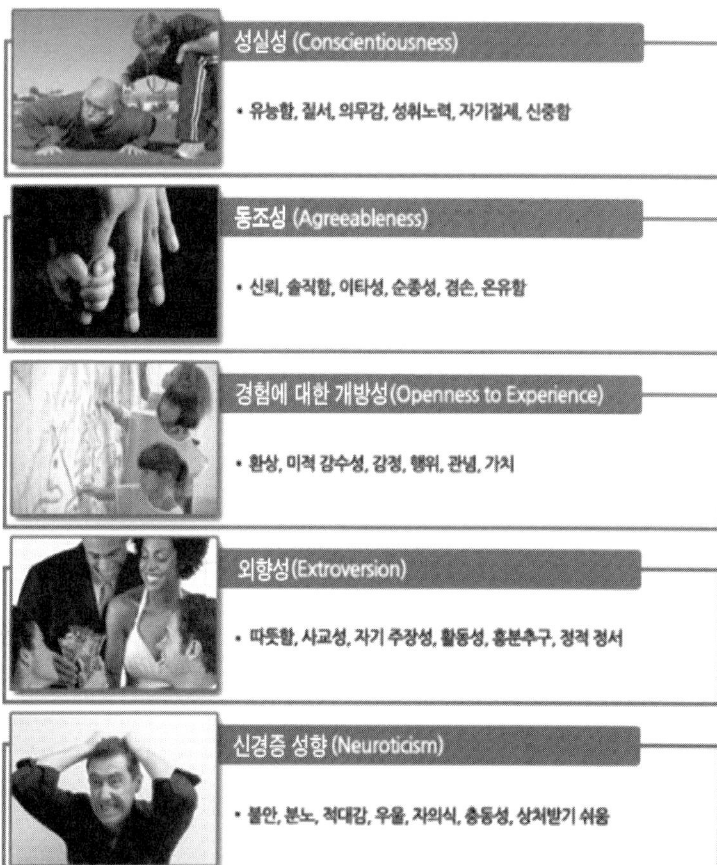

학자들의 이런 노력들은 모두 지향하는 바가 분명하다. 우리가 지닌 수많은 성격유형들을 보다 포괄적인 범주로 묶어서 어떤 사람의 성격을 보다 쉽고 빠르게 이해하려는 것이다. 심리학의 수많은 성격이론들이 바로 이러한 목적을 향해 지금까지 숨 가쁘게 달려왔으며 여기에서는 단지 몇 개의 예를 봤을 뿐이다.

03 성격과 개인 차이에 대한 올바른 이해

우리는 얼마나 다른 사람의 성격을 이해하고 파악하려 하는가? 이 질문에 우리는 자연스럽게 "당연히 그러려고 노력한다"고 대답할지 모른다. 그러나 과연 그럴까? 유감스럽게도 아닐 가능성이 매우 높다. 그렇다면 우리는 우리 자신의 성격은 잘 알고 있을까? 불행히도 이것 역시 '네'라는 대답이 쉽게 나오지 못할 가능성이 크다. 왜냐하면 우리가 생각하고 있는 성격에는 개개인이 지니고 있는 특성적인 것과 그 사람이 현재 처해 있는 상황과 같은 여러 가지 요인들이 복잡하게 혼재되어 있기 때문이다. 그러면 어떻게 해야 하는가? 이를 위해서는 속성(trait)과 상태(state)라는 개념을 이해할 필요가 있다. 한 개인의 성격에는 속성적 측면과 상태적 측면이 존재하는데, 속성은 그 사람의 지속적인 특성으로 상황이나 시점이 바뀌어도 그 사람으로 하여금 일관적인 행동 경향성을 나타나게끔 해주는 요인이다. 반면에 상태 의존적인 요인은 상황과 시점이 변화함에 따라 쉽게 영향 받고 따라서 변화하는 측면이다.

그렇다면 어떤 것이 더 그 사람의 기본적인 성격에 가까울까?

바로 속성이다. 그렇다면 어떤 사람의 성격 속성을 판단하는 것은 당연히 그 사람을 여러 차례 다른 상황과 시점에 만나는 것을 필요로 할 것이다. 그리고 상황과 시점에 영향을 상대적으로 덜 받으면서 일관적으로 나타나는 측면을 살펴보아야 한다. 이를 통해야만 우리는 그 사람의 타인과 다른 무언가를 알 수 있다. 그리고 그것을 알고 나면 그 사람 역시 다양한 성격요인 중 몇 가지에 있어서 그야말로 '남과는 구분되는' 사람일 뿐이지 이상하거나 다르다(심지어 우리는 이를 위해 '틀리다'라는 부정적 표현까지 쓴다)는 오해를 할 필요가 없게 된다.

남자, 여자, 노인, 어린이 또는 어떤 지역 사람이나 어느 나라 사람 등과 같은 범주적 정보는 그야말로 그 사람이 속해 있는 위치를 대략적으로 파악하기 위한 낮은 수준의 정보일 뿐, 그 사람의 성격에 대해 말해주지는 못한다. 왜냐하면 그 사람이 남과 어떻게 다른지에 관한 정보를 오히려 덮어버리고, 우리가 그 범주에 대해 기존에 지니고 있는 고정관념만을 사용하게 하기 때문이다. 올바른 과정을 통해 성격을 파악하고 이를 통해 개인차를 진심으로 이해한다는 것은 정말 중요한 의미를 우리에게 던져준다.

04 Chapter

감성과 인간관계

학습목표

1. 감성지능의 개념과 연원에 대해 살펴본다.
2. 감성지능의 구성요인을 이해한다.
3. 감성지능 계발의 중요성을 이해한다.

01 지능의 개념과 감성지능이론

1) 지능의 개념

지능(intelligence)이라는 개념은 인간의 지적 능력에 대한 연구가 시작된 이래 여러 학자에 의해 다양하게 정의되어 왔다. 최초로 지능을 계량적으로 정의한 사람은 프랑스 심리학자인 알프레드 비네(Alfred Binet, 1857~1911)이다. 비네는 동료인 사이먼(Simon)과 함께 1년에 걸친 연구 끝에 1905년에 아동의 지능을 측정하는 최초의 지능지수 검사인 '비네-사이먼 척도(Binet-Simon Scale)'를 발표하였는데, 이것이 현존하는 다양한 지능지수(Intelligence Quotient, IQ) 검사들의 효시이다. 비네가 이를 고안하게 된 것은 취학연령에 이른 아동들 중에서 정신지체아를 가려낼 목적이었다고 한다. 말하자면 선천적인 지능을 테스트 하는 것이 아니라 학습불능 아동이나 정신지체아를 식별하기 위한 것이었다.

독일의 심리학자 빌리암 슈테른(William Stern, 1871~1938)은 1914년에 이를 일반인의 지능도 평가할 수 있도록 개발하였으며, 미국 스탠퍼드 대학의 루이스 터먼(Lewis Terman, 1877~1956) 교수가 다시 발전시켜 1916년 '스탠퍼드-비네(Stanford-Binet)' 방식을 개발하면서 전세계적으로 보편화되었다. 그 뒤 미 육군은 제1차 세계대전 참전을 계기로 스탠퍼드-비네 방식을 응용한 필기식 집단 지능검사인 육군검사를 개발하게 되었다. 육군검사는 언어능력·수리력·추리력·공간지각력 등 네 가지 하위요소로 구성해 집단의 평균 IQ를 100으로 정하는 현대식 지능지수검사의 원형이 되었다. 최근에는 이러한 필기식 집단검사보다는 다양한 검사도구를 사용하는 개인형 지능지수 검사인 '웩슬러식'이나 '카우프만식'이 많이 사용된다.

다만 이들이 정의하고 있는 지능은 대체로 분별력과 독창성을 말하며 이는 환경에 자신을 적응시키려는 능력, 예컨대 주어진 자극환경을 잘 판단하고 이해하며 추론하는 능력을 의미한다고 할 수 있다. 문제는 이처럼 지능을 환경에 대한 이해와 추론이라는 일반적인 능력으로만 정의할 경우, 사회적 환경을 다루는 중요한 능력인 감성(정서)은 배제될 가능성이 많다는 점이다. 개인형 지능지수 개발자인 데이비드 웩슬러(David Wechsler, 1896~1981) 역시 이러한 관점에서 지능에 대해 결단력 있게 행동하고 합리적으로 생각하며, 환경에 효과적으로 대처하는 종합적인 능력이라고 보다 폭넓게 정의하고 있다. 그럴 경우 감성 역시 지능의 한 부분이라고 말할 수 있을 것이다.

그 이후 미국의 교육심리학자인 하워드 가드너(Howard Gardner, 1983)는 지적 능력의 요소를 광범위하게 확장해 인간의 포괄적인 능력의 집합체로 개념화해 여덟 가지 능력으로 구성된 '다중지능이론'을 제시하였다. 그는 인간의 지능이 서로 다른 특징을 지닌 여러 유형의 능력으로 구성되어 있으며, 이들은 서로 독립적인 특성을 지닌다고 주장하였다. 또한 지능이 복잡하고 다차원적인 시스템이라고 보면서, 개인이 특정 상황이나 맥락에서 문제를 해결해 내는 능력, 혹은 개인이 살고 있는 문화에서 가치 있다고 생각하는 것을 만들어 내는 능력이라고 규정하고 있다. 여기에는 ① 언어(linguistic), ② 논리수학(logical-mathematical), ③ 공간(spatial), ④ 자연탐구(natural), ⑤ 자기이해(intrapersonal), ⑥ 대인관계(interpersonal) 등과 같이 인지적 능력과 함께 비인지적 능력도 범주에 포함되어 있다. 그리고 ⑦ 신체운동(bodily-kinesthetic)이나 ⑧ 음악(musical) 능력까지 포함시킴으로써 지능의 의미를 새롭게 정의하였다.

우선 ① 언어 능력이란 언어를 구성하는 소리나 리듬, 단어의 의미에 민감한 능력이며, ② 논리수학 능력은 논리적인 추론의 연결성이나 숫자의 패턴에 민감한 능력이라고 한다.

③ 공간 능력은 시공간적인 세계를 정확하게 지각하고, '마음의

눈'을 이용하여 시각적 경험의 측면들을 생성해 내는 능력이다.

④ 자연탐구 능력은 다양한 동물, 식물 그리고 광물자원들을 쉽게 분류하고 그 종류를 인식하는 능력을 말한다.

⑤ 자기이해 능력은 자신이 느끼는 감정, 생각, 행동을 잘 인지하고 있으며 그 변화를 민감하게 알아차리는 능력을 말한다. 또한 자신의 강점과 약점이 무엇인지, 자기가 하고 싶은 욕구나 자신의 능력이 어떠한지 내적인 상태에 대해 분간하는 능력이다.

⑥ 대인관계 능력은 다른 사람의 의도나 감정, 기분, 동기 등을 알아차리고 적절하게 반응해 줄 수 있는 능력을 의미한다.

⑦ 신체운동 능력은 자신의 신체를 목표에 맞게 자유롭게 그리고 능숙하게 사용하는 능력을 말한다. 신체운동에는 물체를 능숙하게 다루는 능력도 포함된다.

⑧ 음악 능력은 리듬이나 멜로디 등을 평가하거나 쉽게 산출해 낼 수 있으며, 예술적으로 음악을 표현하는 능력이라 한다.

이 중 특히 자기이해(intrapersonal) 능력은 사람들 간의 기분이나 의도의 차이를 변별하는 능력을 내포하고 있는데, 여기서 얻어진 정보로 감성들 간의 차이를 구분하고 감성을 명명하여 자신의 행동을 결정하고 이해하는 수단으로 활용할 수 있는 것이다. 이러한 내용은 이른바 감성지능의 정의와 매우 일치한다.

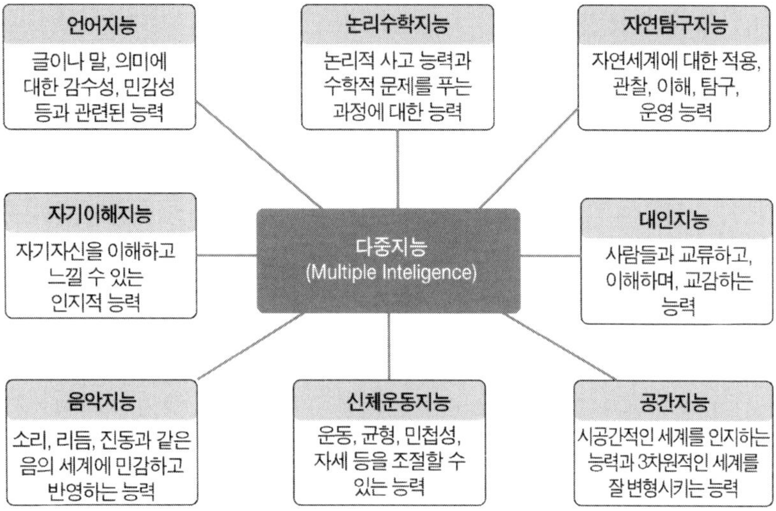

▌그림 4-1▐ 가드너의 다중지능이론

2) 감성지능이론

감성지능(정서지능)은 메이어와 살로베이(Mayer & Salovey, 1990)에 의해 처음 제안되었다가 1990년대 중반 당시 뉴욕타임스 기자였던 골먼(Goleman)에 의해 대중화되면서 인지적 지능(수리력, 암기력, 기억력 등)을 수치화한 IQ와 대비되는 용어로 EQ(Emotional intelligence Quotient)로 표현되어 일반 대중에게까지 널리 알려지게 되었다.

메이어와 살로베이(1990)는 가드너가 다중지능이론에서 제시한 감성이 주는 정보를 처리하는 능력인 자기이해(intrapersonal)에 대해 좀 더 명확하게 감성지능(emotional intelligence)이라는 용어를 사용하였다. 이들은 감성지능을 기본적으로 자신의 감성에 대한 이해 능력, 스스로 감정을 조절할 수 있는 능력, 다른 사람에 대한 감정이입 능력으로 정의했다. 그리고 자신의 감성적 경험에 대한 비판적 돌아보기 및 자신의 감정에 대한 능동적 조절이라는 감성지능의 자기조절 기능을 강조했다. 또한 감성지능에서 말하는 감성은 인간의 사고를 더욱 지능적으로 활성화하며 인지과정에 도움을 주고 촉진한다고 보았다. 이들은 감성지능을 자신과 타인의 감정과 감성을 점검하고, 그것들의 차이를 변별하며, 생각하고 행동하는 데 감성정보를 이용할 줄 아는 능력이라고 했다.

그리고 감성지능에 대해 세 가지 중요한 내용을 언급했는데, 첫째, 감성지능은 심리학 분야에서 그동안 이루어진 지능연구의 오랜 전통과 맥락 속에서 탄생한 개념으로 전통적인 지능(intelligence)이라는 개념에 반대되는 것이 아니다. 둘째, 감성지능은 전통적으로 논의해 온 사회지능(social intelligence)의 한 하위 요소로 볼 수 있다. 즉, 현재 사회지능의 하위 요소들로 제시되고 있는 엡스테인(Epstein)의 구성적 사고 능력이나 캔토(Cantor)의 사회문제 해결력 등과 마찬가지로 감성과 감정이 개입되어 있는 사회문제를 다룰 줄 아는 능력이다. 셋째, 감성지능은 크게 세 영역으로 구분되는 정신활동으로 구성되며, 각 영역은 다시금 2~4개의 하위 능력으로 분류된다. 이것이 메이어와 살로베이의 감성지능 3영역 10요소 모형이다.

이 3영역은 감성지능이 감성정보를 처리하는 능력으로서 ① 감성의 인식과 표현, 즉 자신과 다른 사람들의 감정을 정확하게 지각하고, 인식하며, 적절히 표현하는 능력, ② 감성의 조절, 즉 삶을 향상시키는 방법으로 자신과 타인의 감정을 적합하게 그리고 효과적으로 조정하는 능력, ③ 감성지능의 활용, 즉 동기를 부여하고 계획을 수립하고 목표를 성취하기 위해서 감정들을 이용하여 자신의 행동을 이해하고 이끄는 능력으로 구성된다. 그리고 그 하위 요인으로 자기와 타인의 감성을 언어적, 비언어적으로 인식하고 표현하는 능력, 자기와 타인 간의 감성 조절능력, 감성을 적응적으로 활용하는 능력을 제시하고 있다.

〈표 4-1〉 **감성지능 3영역 10요소모형**(Mayer & Salovey, 1990)

감성지능 구성요소	요소
감성의 인식과 표현	• 자기 감성의 언어적 인식과 표현 • 자기 감성의 비언어적 인식과 표현 • 타인 감성의 비언어적 인식과 표현 • 감정이입
감성의 조절	• 자기의 감성조절 • 타인의 감성조절
감성지능의 활용	• 융통성 있는 계획 세우기 • 창조적 사고 • 주의집중의 전환 • 동기화

그러나 감성지능의 개념과 모형이 등장한 이후 감성지능의 개념과 구성내용의 모호성에 대한 비판이 계속되었다. 예컨대, 감성(emotion)이나 감정(feeling)을 과연 지능이라고 할 수 있겠는가 하는 것이다. 메이어와 살로베이는 감성지능의 정의에 대한 비판과 모호성의 문제를 인식하고 기존의 정의에 감성에 대한 사고의 측면을 보충하고, 구성요소를 정교화 및 세분화해 좀 더 타당하고 정교한 '4영역 4수준 16요소모형'을 제안했다. 이 4영역은 ① 감성의 인식과 표현, ② 감성에 의한 사고 촉진, ③ 감성의 지식의 활용, ④ 감성의 반영적 조절이다. 이에 따라 감성지능을 구상하는 능력들이 복잡성이나 능력의 중요성에 따라 위계를 갖게 되었고 발달수준에 따라 배열되었다. 여기서 발달수준으로 볼 때 감성의 인식

과 표현 능력은 비교적 단순한 능력이며, 감성의 반영적 조절이 가장 높은 수준의 감성 능력이다.

〈표 4-2〉 **감성지능 4영역 4수준 16요소모형(Mayer & Salovey, 1997)**

감성지능 구성요소	요소
감성의 인식과 표현	• 자신의 감성을 파악하기 • 자신의 외부 감성을 파악하기 • 감성을 정확하게 표현하기 • 표현된 감성 구별하기
감성에 의한 사고 촉진	• 감성정보를 이용하여 사고의 우선순위 정하기 • 감성을 이용하여 판단하고 기억하기 • 감성을 이용하여 다양한 관점 취하기 • 감성을 활용하여 문제해결 촉진하기
감성의 지식의 활용	• 융통성 있는 계획 세우기 • 창조적 사고 • 주의집중의 전환 • 동기화
감성의 반영적 조절	• 정(+)적 · 부(−)적 감성들을 모두 받아들이기 • 자신의 감성에서 거리를 두거나 반영적으로 바라보기 • 자신과 타인의 관계 속에서 감성을 반영적으로 들여다보기 • 자신과 타인의 감성을 조절하기

메이어와 살로베이가 제안한 감성지능 개념을 대중화시킨 골먼(Goleman)은 자신의 저서인 「Emotional Intelligence」를 통해 감성지능을 더 실용적으로 유목화하였다. 그는 지능의 기본 정의에 가드너(1993)의 자기이해(intrapersonal) 능력을 포함해 감성지능을 좌절 상황에서도 개인을 동기화하고, 자신을 지키게 하며, 충동통제와 만족지연을 가능하게 하고, 타인에게 공감하고, 희망을 버리지 않는 능력이라고 정의하였다. 그리고 "한 사람의 성공을 예측할 때 지능검사나 학력평가로 측정한 지적 능력보다는 인성이란 말로 지칭된 마음의 특성이 유용하다"고 역설하면서 감성지능의 중요성을

강조하였다. 골먼이 유목화한 감성지능은 ① 자신의 감성에 대한 이해, ② 감성의 조절, ③ 자기 동기화, ④ 공감, ⑤ 대인관계 능력이라는 다섯 가지 하위 요인으로 구성된다.

〈표 4-3〉 **골먼의 감성지능 5요소모형**(Goleman, 1995)

감성지능 구성요소	요소
자신의 감성에 대한 이해	자신이 느끼는 감정을 재빨리 인식하고 알아차리는 능력
감성의 조절	인식된 자신의 감정을 적절하게 처리하고 변화시킬 수 있는 능력
자기동기화	어려움을 참아내어 자신의 성취를 위해 노력할 수 있는 능력 동기화, 만족지연 능력
공감	타인의 감정을 자신의 것처럼 느끼고, 타인의 감정을 읽는 능력
대인관계 능력	인식한 타인의 감정에 적절하게 대처할 수 있는 능력

(1) 자신의 감성에 대한 이해

일상생활을 하는 동안 자신에게 일어나는 감성과 기분을 스스로 명확하게 인식하고 알아차리면서 자신의 감정에 이름을 붙이는 능력이다. 그리고 자신의 감정이 발생한 이유를 이해하고 감정과 행동 간의 차이를 인식하는 능력이기도 하다. 이는 타인의 감정이나 감성을 알아차리고 이해하는 데 기초가 된다. 자신의 감정이 다른 사람에게 끼치는 영향을 고려하여 자신이 속한 사회의 기대에 맞게 자신의 감성을 적절하게 표현하는 등 자신의 감정을 관리하고 조절한다. 또한 공격적인 행동과 자기파괴적인 행동을 절제하는 충동억제 능력이며, 자신과 가족 및 학교에 대해 긍정적인 감정을 지니고 만족을 지연시키면서 스트레스(stress)를 적절히 다루어 잘 대처해 나가고 고독감과 사회적 불안감을 덜 느끼게 한다.

이는 자신의 마음속에서 일어나는 기분(mood)과 이 기분에 따라 생각하게 된다는 것을 안다는 것을 의미하며, 여기에는 첫째, 자기에게 일어나고 있는 감성 상태를 알아차린 후 잘 대처해 나가는 경우, 둘째, 자신의 감성 상태에 압도되는 경우, 셋째, 자신의 감성 상태를 알고 이를 수용하는 경우(좋은 기분을 갖고 있기 때문에 바꾸려고 노력하지 않는 유형과 자신의 기분이 나쁘다는 것을 알면서도 될 대로 되라는 식으로 방치하는 유형으로 대별)의 세 가지 양식이 있다.

(2) 감성의 조절

자신의 감성을 적절하게 조절하여 한쪽으로 치우치지 않게 조화를 이루며 살아가야 한다는 것을 의미한다. 특히 우리 삶에 있어 기쁨·흥분·열정과 같은 긍정적인 감성을 잘 유지하는 것도 중요하지만, 분노·슬픔·불안·좌절·스트레스와 같은 부정적인 감성을 어떻게 잘 조절하느냐는 매우 중요하다.

(3) 자기동기화

목표의 성취를 위해 주의집중하거나 완전함과 창의성을 추구하기 위해 일시적으로 자신의 만족을 지연하거나 충동을 최소화하려는 능력을 말한다. 타인의 감성 지각은 타인의 감정과 입장을 정확하게 인식하고 민감하게 타인이 느끼는 감정을 자신의 것처럼 느끼는 감정이입 또는 공감능력이다. 그리고 타인의 감정을 수용하고 타인의 말에 귀를 기울이는 능력을 의미한다. 어떠한 상황에서든 전력을 다해 지치지 않고 열심히 매진하면서, 장애나 난관에 부딪혀도 좌절하지 않고 자신의 미래의 삶이 궁극적으로 긍정적일 것이라는 낙관성(optimism)을 갖고 헤쳐 나가는 힘이다. 즉, 사려 깊게 일을 처리하고 책임을 지며 일에 집중하는 능력, 그리고 긍정적으로 사고하고 이러한 목표수행을 위한 동기를 부여하는 것이다.

(4) 공감

자기인식에 기초해 타인의 감정을 읽을 줄 아는 능력을 의미한다. 다른 사람의 고통을 자신의 고통으로 공유하지 않고도 느낄 수 있는 '동정심'과는 차이가 있다. 또한 타인의 말투나 얼굴표정, 몸짓 등의 미묘한 변화를 통해 타인이 경험하고 있는 감정상태를 잘 이해하고 공감한다는 것은 대인관계에 있어 매우 중요한 변인으로 작용한다.

(5) 대인관계 능력

다른 사람들과 효율적이고 바람직한 인간관계를 형성하고 유지하며, 대인관계를 분석하고 이해하는 능력이다. '사회적 기술'(social skill)이라고도 하는데, 다른 사람의 감정을 보다 바람직한 방향으로 변화하도록 도와 그 사람과의 관계를 효과적으로 잘 유지해 나가는 능력을 의미한다. 의견대립이 있을 때 갈등을 조정하고 협상하며, 보다 더 능동적이고 적극적으로 의사소통을 하는 능력이기도 하다. 그리고 좀 더 사교적이고 인기가 있는 사람이 되기 위해 노력하며, 너그러운 마음으로 사람을 대하고 민주적으로 일을 처리하려는 능력이다. 또한 다른 사람의 감정을 보다 바람직한 방향으로 바꿀 수 있도록 하는 능력도 포함한다.

02 감성지능의 계발

감성지능(또는 정서지능)이란 자신의 감정(또는 기분)들과 다른 사람들의 감정들을 점검하는 능력, 그 감정들을 구별하는 능력, 그리고 이러한 정보를 이용하여 자신의 사고와 행동을 이끄는 능력을 의미한다. 즉 감성지능은 감정 정보처리 능력이며, 감정 정보처리 능력은 자신과 다른 사람들의 감정을 정확하게 지각하고, 인식하며, 적절히 표현하는 능력, 삶을 향상시키는 방법으로 자신과 타인의 감정을 적합하게 그리고 효과적으로 조정하는 능력, 동기를 부여하고 계획을 수립하고 목표를 성취하기 위해서 감정들을 이용하여 자신의 행동을 이해하고 이끄는 능력을 말한다.

감성지능은 감성과 지적 능력이 결합된 개념이다. 감성지능이 높으면 상대방의 사고, 감정, 의도 등을 추론하고 자신의 입장과 통합할 수 있으며, 다른 사람과 효율적으로 상호작용을 하고 바람직한 인간관계를 형성하고 유지할 수 있다. 감성지능은 개인의 잠재력을 향상시키며 동기를 부여해 주고 절망적인 상황에서 의욕을 잃지 않도록 한다. 또 순간적인 만족을 지연시킬 수 있으며, 기분을 조절하여 사고 능력을 방해하지 않도록 하고 감정이입 능력을 향상시킨다.

감성지능은 삶 속에서 인간으로 유지하고 발전하는 데 중요한 역할을 한다. 이는 인간관계에서 발생하는 열정, 사랑, 희생 등 다양한 감정을 이해하는 데 도움이 된다. 또한 이 능력은 다양한 가족, 조직, 사회에서 관계 유지 및 역량 발휘에 중요한 역할 중 하나로 볼 수 있다.

이와 같은 감성지능은 전통적으로 사용되는 지능지수(IQ)와 차별화되는 개념이며, 사회적 환경과 관련된 사회지능의 하위요소 중 하나로 볼 수 있다. 감성지능(EQ)은 80%가 유전적 요인에 의해 결정되는 지능지수와 달리 교육훈련을 통해 계발 가능성이 매우 높은 것으로 알려지고 있다.

감성지능은 0~5세 정도에 대부분이 형성된다고 한다. 따라서 어릴 적 주변 환경이 어떠냐에 따라 아이의 감성지능이 높을 수도, 낮을 수도 있다고 한다. 부모가 항상 사랑으로 따뜻하게 보살핀 아이는 커서도 자긍심이 높고 희망적인 아이가 되지만, 사랑 없이 불안정하게 자란 아이는 자라서도 감성이 불안정해지기 쉽다고 한다. 따라서 아이에게 꾸준한 관심과 다양한 자극을 주는 것이 무엇보다도 중요하다.

아델 린(Adele B. Lynn)은 그의 저서 「감성지능의 차이」(The EQ difference)(2005)에서 사회인들의 감성역량을 계발하기 위한 감성코칭 모델로 감성지능의 다섯 가지 영역을 제시하고 있다.

첫째, 자기 인식과 통제는 자신을 충분히 이해하고, 이를 활용하여 감성을 생산적으로 관리할 수 있는 능력이다.

둘째, 감정이입은 다른 사람의 관점을 이해할 수 있는 능력이다.

셋째, 사회적 전문성은 진정한 인간관계와 유대를 수립하고 배려, 관심, 갈등을 생산적인 방식으로 표현하는 능력이다.

넷째, 개인적 영향력은 자신뿐만 아니라 타인을 긍정적으로 선도하고 그들에게 영감을 불러일으키는 능력이다.

다섯째, 목표와 비전의 숙달은 마음 깊은 곳에 있는 의지와 가치관에 기반을 둔 생활을 통하여 삶의 진정성을 이끄는 능력이다.

Plus Tip **EQ의 중요성에 대한 실증적 사례**

1) 1940년에 졸업한 하버드대생 95명의 중년생활을 추적 연구한 결과, 성적이 낮았던 학생들과 비교하여 최고 성적을 받았던 학생들이 봉급, 생산성, 그리고 해당 분야에서의 지위 면에서 특별히 성공한 것은 아니었음. 또한 삶에 대한 만족도 면에서 가장 높은 것도 아니었고 친구나 가족관계, 그리고 이성관계에서도 가장 행복한 것이 아니었음.
2) 1881년부터 일리노이즈 고교에서 학생대표로 고별사를 읽거나 내빈에게 인사말을 한 학생(성적도 최고평점) 81명에 관한 연구결과, 그들이 대학에서도 계속 좋은 점수를 얻었으나 20대 후반에 그들의 성공 수준은 단지 중간 정도밖에 되지 않았음. 고교졸업 후 4명 중 1명 정도는 연령이 같고 같은 직업을 가진 사람들과 비교해 볼 때 최고 수준이었으나 나머지는 그렇지 못했음.

코칭 분야에서는 피코치자에게 이와 같은 감성 역량을 개발하기 위한 감성코칭을 실시한다(Wall, 2007). 조직의 리더들로 하여금 감성지능의 다섯 가지 영역을 개발할 수 있도록 코치가 도와주는 모델이다. 감성 능력을 완벽하게 마스터한 사람이 없고, 감성 역량은 나이와 발달 단계에 따라 유동적이기 때문에 직장인으로서 감성

역량을 개발하고 표현하는 능력과 직무의 효과성을 증진하기 위한 코칭이 실시되고 있는 것이다. 이 분야의 코칭은 사회가 발달할수록 더 많이 실행될 것으로 기대된다.

미국 메트라이프 보험회사에서 보험판매원을 대상으로 조사한 결과, 천성이 낙관적인 판매원들이 비관적인 판매원보다 입사 이후 2년 동안에 보험을 37% 더 판매한다는 사실을 발견했으며, 입사 첫해에 그만 둔 비율이 비관적인 판매원들이 낙관적인 판매원들보다 2배가 높다는 사실을 발견, 이에 따라 회사에서는 일반적인 입사시험에서는 불합격했지만 낙관주의 검사에서 높은 점수를 받은 사람들을 별도로 고용한 결과, 이들 집단이 비관적인 집단에 비해 첫해에는 21%, 다음해에는 57%를 더 판매한 것을 확인

IQ가 높은 사람이 그렇지 않은 사람보다 사회적으로 성공이 보장되는 시대가 존재했었지만 IQ가 보편적으로 증가된 현대사회에서는 IQ만으로는 성공을 보장받을 수 없으며 우리 뇌의 다른 능력이라고 할 수 있는 EQ가 중요하다. IQ가 이성적 뇌의 작용을, EQ가 감정적 뇌의 작용을 의미한다면 사회적 뇌의 작용을 의미하는 것을 사회성 지수(SQ)라고 할 수 있는데, 뇌에는 사회적 기능만을 위한 특별한 회로가 따로 존재하지 않으므로 SQ를 위해서는 남의 감정을 나의 것처럼 느끼기 위한 EQ와 함께 타인의 언어적 이성톤과 비언어적 감정톤의 표현 방식을 잘 인식하기 위한 IQ+EQ의 결합능력이 필요한 시대이다.

결론적으로 볼 때 감성지능은 자신의 감성을 인식·표현하고, 조절·관리하며, 감성을 활용해 타인과 원만한 대인관계를 형성할 수 있는 사회적 능력과 직결됨으로써 삶 속에서 인간으로 유지하고 발전하는 데 중요한 역할을 하며, 인간 삶의 성공에도 지대한 영향을 미치는 것이라고 할 수 있다.

컴퓨터 처리능력이 부족한 사람에게 '컴맹'이라 하듯 감성능력, 즉 자신이나 상대방의 감정을 읽을 줄 아는 능력이 부족한 사람을 '감맹(感盲)'이라 함. 다른 사람의 감정, 정서, 그리고 기분을 읽고 해석할 능력이 없는 사람을 '타인감맹', 자신의 감정, 정서, 기분을 올바로 읽고 해석할 능력이 없는 사람을 '자기감맹', 그리고 타인의 입장에 서서 역지사지(易地思之)할 능력이 부족한 사람을 '공감감맹'이라고 할 수 있음. 덴마크의 미래학자 롤프 예센(Rolf Jensen)은 현재의 정보화 사회, 지식기반사회 다음에 오는 사회는 '꿈의 사회(Dream Society)'가 될 것이라고 예견하고 있음. 상품의 가치보다는 그 안에 담긴 꿈, 감성, 스토리를 파는 시대, 즉 감성의 시대가 도래한다는 것임. 미래시대는 단편적인 지식이나 고정관념에 박힌 사람보다 창의적이고 상상력이 풍부한 감성능력이 뛰어난 사람을 요구할 것임. 따뜻하고 인간 관계가 매끄러운 사람, 인간미가 넘치고 공감능력이 큰 사람이 사회에서 환영받을 미래를 위해 감성의 크기를 확장시키는 데 노력할 때임.

특히 감성의 핵심 기능으로 부모의 자기 희생, 깊은 정, 열망이나 열정, 사랑 등을 들 수 있는데, 부모의 자기 희생은 인간이 종족번식을 통해 유전인자를 후세에 물려줄 수 있게 하고, 깊은 정과 열망이나 열정, 사랑은 우리의 인간 관계에서 중요한 안내자 역할을 한다.

이는 우리가 지적 능력에만 맡겨 두기에는 너무나 중대한 난국, 예컨대 위험이나 심각한 손해를 입거나 좌절을 딛고 목표를 향해 나아갈 때, 또는 삶의 위기에 직면했을 때 바로 감성적 능력, 감성지능이 활성화되어야 함을 의미하는 것이다.

PART 02

인간관계의 심화과정

다)로서, 어떤 사실을 타인에게 전하고 알리는 심리적인 전달의 뜻으로 사용되며, 우리말로는 통상적으로 '의사소통'이라는 뜻으로 풀이되고 있다.

이러한 의미에서의 커뮤니케이션 현상은 비록 불완전한 형태이기는 하지만 인간 이외의 동물의 세계에서도 흔히 나타나고 있다. 동물의 생태계를 담은 다큐멘터리 같은 것을 보면 꿀벌의 춤, 새의 지저귐, 돌고래의 노래, 박쥐가 내보내는 초음파 등은 그들 나름대로 의사소통 수단으로 쓰이고 있음을 알 수 있다. 실제로 동물학자들은 동물의 울음을 녹음해 재생시키는 등 여러 가지 실험방법들을 통해 집단생활을 하는 동물들에게도 나름대로 상호간에 일정한 법칙을 가진 의사수통 수단(포유동물은 20~40개, 조류는 15~25개, 어류는 10~15개의 신호)을 가지고 있음을 입증하고 있다. 다만, 동물세계의 이런 현상은 특정 상황에서만 의미를 가지는 생리적·자동적 자극과 반응의 연쇄(releaser system)에 불과할 뿐이다.

엄밀한 의미에서 완성된 형태의 커뮤니케이션은 보내는 측이 일정한 상대에 대하여 무엇인가를 전하기 위해서 특정한 형태의 자극을 의도적으로 보낼 때 성립하며, 이런 의미에서의 커뮤니케이션은 인간사회에만 있는 현상이다. 인간은 다른 동물에 비해 월등한 커뮤니케이션 능력을 지니고 태어났고, 누구나 커뮤니케이션을 더 많이, 더 잘하고자 하는 욕구를 지니고 있다. 커뮤니케이션은 필수불가결한 인간의 활동인 것이다.

그러나 커뮤니케이션은 결코 단순하지 않다. 커뮤니케이션의 본질을 알기 위해서는 우선 커뮤니케이션이 '과정(process)'이라는 것을 이해해야 한다. 정지된 하나의 단순한 행위가 아니라, 시간의 경과와 더불어 진행되며 나와 상대방이 상호 연결되는 일련의 행위라는 점이다. 요컨대 접촉에서 헤어짐까지 계속되는 그 무엇이라는 얘기다. 커뮤니케이션에 있어 가장 중요한 개념은 바로 과정이라는 것이다. 커뮤니케이션은 우리가 관련을 맺고 있는 사람 혹은 세상을 통해 메시지를 보내고, 받고, 해석하는 과정이다. 커뮤니케이션이 시간의 경과와 관련 있다 보니, 커뮤니케이션은 절대로 되돌릴 수 없는 시간의 속성을 함께 지닌다. 이 때문에 커뮤니케이션은 개입 요소가 매우 상호 의존적인 환경을 만들어낸다. 결론적으로 볼 때, 인간사회에 있어 커뮤니케이션은 어떤 사람이 타인에게 영향을 주고 타인을 이해하는 데 사용되는 모든 수단, 즉, 1차적인 언어적 수단이나 얼굴표정·눈짓·몸짓·침묵과 같은 비언어적 매개수단 또는 문자·표식·상징·화상(畵像) 등의 물질적 기호와 같은 매개수단을 통해 개인의 감정·태도·신념 및 사실 등을 전달하고 상호 교류하는 과정이라고 정의할 수 있다.

커뮤니케이션은 결코 혼자 하는 것이 아니며, 누군가와 나누는 것이다. 커뮤니케이션은 삶의 중요한 한 부분이며, 일상생활을 유지하는 수단이다. 커뮤니케이션은 인간으로 하여금 사회적 존재로서 살아가게 만드는 도구이기도 하다. 사회생활에서 매우 중요한 인간관계 역시 커뮤니케이션을 통해 이루어진다. 커뮤니케이션은 사회생활을 성립시키는 기초적인 조건으로, 이것이 원활하지 않으면 개인으로서는 사회적 부적응으로 정서장애의 원인이 될 수도 있고 사회로서는 조직운영의 능률에 중대한 장애를 초래한다. 실제로 커뮤니케이션 없는 공동체, 또는 공동체 없는 커뮤니케이션은 상상하기 어렵다.

우리 속담 가운데 '가는 말이 고와야 오는 말도 곱다'는 말도 결국 이러한 맥락에서 이해할 수 있다. 커뮤니케이션은 예측이 불가능한 게임과도 같다. 테니스를 칠 때, 우리는 상대방 선수가 공을 보낸 방향과 지점에서 공을 받아넘겨야 한다. 그러므로 내가 공을 어떻게 치는가 하는 것은 온전히 나에게 달린 일이 아니다. 상대방이 공을 어떻게 보내는가, 그리고 내가 과연 얼마만큼의 실력을 갖춘 선수인가에 따라 결과가 좌우된다. 그런 의미에서, 커뮤니케이션은 어느 한쪽의 공이 네트를 넘기지 못할 때까지 계속되는 테니스 경기와도 같다.

미국의 사회학자인 쿨리(Charles Horton Cooley, 1864~1929)가 커뮤니케이션을 가리켜 '인간관계가 존재하고 발전하게 되는 메커니즘(mechanism)'이라고 설명한 것은 이러한 맥락에서다. 인간은 커뮤니케이션을 행하는 가운데 관계를 형성시키고 발전시켜 왔으며, 이는 곧 역사와 문화로 이어져 왔다.

2) 커뮤니케이션의 구성요소

커뮤니케이션에는 몇 가지 요소가 작용하게 된다. 이를 분류해 보면 ① 송수신자, ② 메시지, ③ 채널, ④ 피드백이라는 네 가지 핵심적 요소가 있으며, 이 밖에 ⑤ 잡음, ⑥ 세팅을 추가할 수 있다.

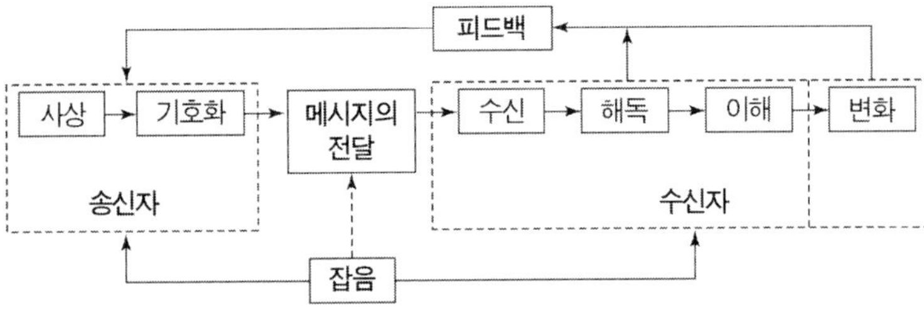

▌그림 5-1▐ 커뮤니케이션의 과정 모델

출처: Harold Koontz(Donnell & Weihrich, 1980: 691).

① 커뮤니케이션의 가장 기본적인 형태는 2인의 송수신자(sender-receivers) 혹은 몇몇 사람들 사이에서 일어나는 것이다. 내가 전하고자 하는 신호의 의미를 상대방이 이해할 때(혹은 상대방이 전하고자 하는 신호의 의미를 내가 알아차렸을 때) 커뮤니케이션은 성립된다. 이는 커뮤니케이션의 주체는 '나'이지만, 상대방의 관여가 없다면 무의미해진다는 것을 뜻한다. 그러나 사람들이 서로의 정보와 생각, 감정을 공유하는 행위는 일방향적으로 일어나지 않는다. 누군가 얘기를 하면, 이에 이어서 다른 사람이 얘기하고 싶어지는 것(캔터베리 효과, Canterbury Effect)이 자연스러운 커뮤니케이션의 과정이다. 커뮤니케이션에서는 이처럼 상호작용(interaction)이 중요하다.

② 커뮤니케이션에 참여하는 사람들이 주고받고자 하는 것은 결국 '메시지(messages)'이다. 메시지란 '상대방을 이해시키려는 의도에서 만들어 내는 신호'라고 할 수 있다. 그러나 메시지는 한 가지 종류가 아니다. 반드시 언어를 통해 일어나지도 않는다. 물론 언어가 가장 손쉽고 효과적인 방편이긴 하지만 손짓이나 발짓, 표정 등 비언어로 간단히 메시지를 만들어 보내거나 이해할 수 있다. 인간 자신이 목소리를 이용하거나(언

어) 몸을 이용해서(비언어) 메시지를 만들어 내는 능력을 타고 났기 때문에 가능한 일이다. 문자나 그림, 상징 등도 훌륭한 커뮤니케이션 수단이 된다.

③ 채널(channels)은 메시지가 여행하는 통로다. 송신자와 수신자에게 메시지를 도달하게 하는 방법인 것이다. 1차적으로 면대면(face-to-face) 커뮤니케이션 상황에서는 음성과 시각이 주요한 채널이 된다. 2차적으로 매스 커뮤니케이션(Mass communication) 상황은 우리에게 보다 익숙한 채널의 모습을 제시한다. 라디오, TV, 신문, CD, 잡지 같은 매스미디어(mass media)가 바로 그것이다. 매스미디어는 오늘날 우리에게 쉴틈없이 메시지를 실어 나르는 중요한 채널이다.

④ 피드백(feedback)이란 송수신자가 서로에게 반응하는 것을 말한다. 우리는 서로에게 하루에도 수없이 많은 피드백을 하면서 살아간다. 만약 내게 누군가 농담을 하면 웃음을 띠게 되는 것과 같이 송수신자가 서로에게 반응하게 된다. 피드백이야말로 상대방이 자신의 의견이나 감정을 공유하고 있다고 느끼게 만드는 확실한 단서로 작용한다. 이처럼 피드백이 커뮤니케이션의 활력소가 된다는 점에서 무엇보다 중요하다. 커뮤니케이션 과정에서 각 개인은 자신의 경험, 욕구, 감정, 가치관, 신념 등에 따라 자기 나름대로 메시지를 해석하고 수용하는 경향이 있는데, 이로 인해 나타날 수 있는 오해와 왜곡을 방지하기 위해서는 메시지가 정확하게 잘 전달되었는지에 대한 확인절차로 적절한 피드백이 요청된다. 이러한 피드백은 무조건 요청되는 것이 아니라 적절한 시점에, 적절한 빈

도로, 정확하게 제공되어야 효과성을 높일 수 있다.

⑤ 잡음(noise)은 메시지를 정확하게 이해하는 데 방해가 되는 것을 말한다. 송수신자 사이에서 발생하는 잡음은 물리적·심리적·의미적 잡음의 세 가지 종류가 있다. 먼저 물리적 잡음은 실제 외부 환경에서 물리적으로 발생하는 잡음을 말한다. 복도에서 나는 시끄러운 소리 때문에 수업이 지장을 받는 경우를 생각할 수 있다. 심리적 잡음은 송수신자의 마음속에 일어나는 잡념과 같은 것이다. 배가 고파 음식을 떠올리느라고 수업내용을 못 듣는 경우와 같이, 커뮤니케이션 행위에 집중을 못하는 심리적 상황을 말한다. 남성 우월 의식이 강한 남자 부하 직원이 여자 상사가 지시하는 사항을 자주 놓친다면 이러한 심리적 잡음 요인을 생각해 볼 필요가 있다. 전달되는 메시지의 의미를 전혀 몰라(생소한 표현이나 외국어 등) 커뮤니케이션 자체가 이루어질 수 없는 경우는 의미적 잡음에 해당한다. 또 어떤 특정한 단어에 대한 감정적 대응도 의미적 잡음을 낳는다. 누군가 내 마음에 안 드는 거친 표현이나 인종·성차별적 언어를 사용하는 사람을 보면 단정적으로 나쁘게 평가하게 되는 것도 의미적 잡음에서 비롯된다고 볼 수 있다.

⑥ 세팅(setting)은 커뮤니케이션이 이루어지는 공간으로서, 때로 커뮤니케이션에 중대한 영향을 미친다. 예컨대, 강당과 같은 공적인 공간은 연설하기에 적합하지만, 사적인 대화를 하기 위해 만나는 장소가 될 수는 없다. 따라서 좀 더 친밀한 대화를 하기 위해서라면 서로 얼굴을 마주대할 수 있는 작고 아늑한 공간을 찾는 것이 필요하다.

3) 커뮤니케이션의 원칙과 장애요인

커뮤니케이션은 정확한 내용이 적시(適時)에 전달되어야 하므로 이를 위해서는 어떤 원칙이 있어야 하는데, 레드필드(Redfield)는 이를 명료성, 일관성, 적정성, 적시성, 분포성, 적응성과 통일성, 관심과 수용성이라는 일곱 가지로 분류해 제시하고 있다.

진정한 소통이란 한 개체와 다른 개체 사이에 전달되는 내용에 대한 상호 해석을 통해 의미의 공유가 일어났을 때에 성립한다. 예컨대, 송신자가 전달하고자 한 의미가 'AB'라면, 수신자 또한 이를 'AB'로 받아들이는 것(공유)이 필요하다. 만약 이를 'BC'로 이해한다면 진정한 커뮤니케이션은 'B'에 해당하는 부분에서만 이루어진 것으로 볼 수 있다. 커뮤니케이션 과정에서 공유는 매우 중요하며, 이를 위해서는 해석이 반드시 필요하다. 커뮤니케이션에서 해석이 필요하다는 것은 경우에 따라 오해가 생길 수 있음을 의미한다. 메시지를 보내고 받는 과정에서 서로가 최선을 다한다 할지라도, 메시지가 왜곡되거나 혼란이 발생할 수 있는 소지가 충분하다. 그래서 커뮤니케이션은 몹시 어려운 것이기도 하다.

커뮤니케이션은 이처럼 정보가 전달되는 과정에서 그 정확성의 확보가 어려운 경우가 많이 발생하는데, 그 이유는 여러 가지 장애요인이 있기 때문이다. 주요 장애요인으로는 ① 언어상의 장애, ② 전달 경로의 거리와 복잡성, ③ 지각의 착오, ④ 준거 기준의 차이, ⑤ 지위상의 차이, ⑥ 정보의 의식적 제한, ⑦ 정보의 고의적 독점과 같은 일곱 가지를 들 수 있다.

커뮤니케이션은 이와 같은 장애요인으로 말미암아 변질하게 되는데, 그 변질의 형태 중 하나는 '생략(省略)'이고 다른 하나의 형태는 내용의 '왜곡(歪曲)'이라고 할 수 있다.

① **생략**: 말이나 생각을 할 때 비구체적 명사를 사용하여 경험의 일부를 제외하는 것으로서 삭제라고도 부른다. 인간은 외부의 정보를 받아들일 때 자신의 욕구나 사전경험, 관심 정도에 따라서 자신에게 유리하거나 해당되는 것에만 주의를 집중하여 나머지 부분에 대해서는 소홀히 하다가 결과적으로 생략 혹은 삭제하는 결과를 낳을 수 있다.

② **왜곡**: 있는 그대로 보지 않고 경험한 내용을 어떤 식으로든 다른 의미로 변화시키거나 혹은 정확하지 않고 틀리게 지각하여 경험하는 것이다. '자라 보고 놀란 가슴 솥뚜껑 보고 놀란다'라는 속담이 있는데, 이 말은 전혀 놀랄 필요가 없는 솥뚜껑을 자라로 왜곡하여 지각했기 때문에 놀라게 되는 과정을 설명한 것이라고 할 수 있다.

02 커뮤니케이션의 형태와 유형

의사소통 실패 상황

● 상대방의 표현을 제대로 듣지않아 잘못 해석하는 경우

● 자신의 뜻을 제대로 전달하지 못하는 경우

● 감정적으로 표현하거나 받아들이는 경우

1) 커뮤니케이션의 형태

커뮤니케이션은 형태에 따라 특성이 변화한다. 첫째, 커뮤니케이션에 참여하는 인원의 규모가 일단 대인 커뮤니케이션 수준을 벗어나면 공적(公的)인 성격이 강해진다. 따라서 메시지의 계획성이 높아진다. 송신자 역할이 커지는 대신 수신자 역할은 축소되기 때문에 활발한 교류나 상호작용이 일어나기 어렵다.

둘째, 송신자와 수신자가 서로 얼굴을 마주 대하는(face-to-face) 상황에서 발생하는 대인 커뮤니케이션은 송신자와 수신자 간 친밀감을 강하게 형성하고, 메시지에 대한 서로의 반응(피드백)을 원활하게 한다. 그러나 참여 인원의 규모가 커질수록 친밀감은 떨어질 수밖에 없고, 송신자 위주의 전문적이고 공식적인 커뮤니케이션 진행으로 상호작용과 피드백이 감소하게 된다.

커뮤니케이션이 이뤄지는 과정의 특성을 살펴보면 대체로 ① 직선형, ② 상호작용형, ③ 상호교류형으로 구분할 수 있다.

① **직선형**(straight model): 어느 한쪽 방향에서 일방적으로 이뤄지는 커뮤니케이션 형태로 송신자의 생각과 감정 등을 메시지 형태로 부호화하여 수신자에게 일방적으로 주입하는 형태를 말한다.

② **상호작용형**(interactive model): 인간관계 속에서 어떤 특정한 순간에 수신자와 송신자 간에 상호작용이 이뤄지고, 그 결과에 따라 피드백이 작용하는 커뮤니케이션 형태를 말한다.

③ **상호교류형**(transaction model): 상호작용적 형태에서처럼 특정한 순간에 송신자와 수신자가 구별되는 것이 아니라, 함께 참여하여 의사소통자들 간에 메시지를 동시에 보내고 받는 형태를 말한다.

2) 커뮤니케이션의 유형

커뮤니케이션은 상황에 따라 여러 가지 형태로 일어난다. 이 가운데 가장 기본적인 형태는 얼굴과 얼굴을 마주하는 대인(對人) 커뮤니케이션이다. 커뮤니케이션에 참여하는 사람의 숫자가 얼마인지, 같은 공간을 사용하는지, 송신자와 수신자의 역할이 정해져 있는지 등에 따라 커뮤니케이션 유형이 나뉜다. 매스 커뮤니케이션은 기술적 수단을 사용한다는 점에서 여타 커뮤니케이션 유형과 구별된다.

(1) 자기 내 커뮤니케이션

커뮤니케이션 주체가 송수신자를 겸한다. 메시지는 자신의 생각과 감정으로 만들어진다(이때 채널은 뇌가 된다). 자기 내 커뮤니케이션(intrapersonal communication)은 다른 사람과 상호작용이나 교류를 하는 것은 아니지만, 스스로에게 매우 중요하다. 자신을 긍정적으로 바라보는 행위, 혹은 실패나 분노의 감정에 치우치는 행위 등이 이로써 일어난다.

(2) 대인 커뮤니케이션

'너와 나' 사이의 대화를 근간으로 삼는 대인 커뮤니케이션(interpersonal communication)은 모든 커뮤니케이션 활동의 원형이다. 커뮤니케이션의 본질을 가장 잘 나타낸다. 대인 커뮤니케이션은 비공식적이고 구조화되지 않은 상황에서 자유롭게 일어난다. 두 명의 친구가 대화하는 것을 예로 들어보자. 서로의 경험과 배경을 동원해 송신자와 수신자 역할을 주고받는다. 메시지는 언어와 비언어, 상징으로 구성되어 있으며, 채널로는 시각과 음성이 주로 사용된다. 커뮤니케이션 참여 인원이 적기 때문에 풍부한 피드백이 발생한다. 상대방을 주시할 수 있는 상황이기 때문에 심리적 잡음도 거의 일어나지 않으며, 메시지가 의도한 대로 잘 전달되었는지 수시로 점검할 수 있다.

개인끼리 의사소통 하는 경우

(3) 소집단 커뮤니케이션

소집단 커뮤니케이션(small-group communication)은 3인부터 12인 혹은 15인 정도 사이에서 일어난다. 소집단 활동은 인간의 자연스러운 사회활동이다. 원시 시대부터 인간은 서로 돕고 사는 사회생활에 대한 기본 욕구를 충족시키기 위해 소집단 활동에 참여했다. 집단을 이루는 것은 생존에 도움이 되기도 하지만 게임, 스포츠 등에서와 같이 더 많은 재미와 기쁨을 얻을 수 있다.

쇼(M. Shaw)는 소집단에서 상호작용이 일어나는 패턴, 즉 커뮤니케이션 네트워크를 다섯 가지로 분류하여 설명하고 있다.

첫째, 구성원 사이에 사슬 형태의 릴레이식으로 커뮤니케이션이 이어지는 경우다. 지위나 연령이 낮은 구성원이 그 다음 단계의 구성원을 향해 커뮤니케이션하면 다시 그보다 높은 단계 구성원에게 전달되는 형태이다.

개인과 여럿이 의사소통 하는 경우

여럿이 함께 의사소통 하는 경우

둘째, 구성원 모두와 커뮤니케이션하는 사람은 한 명뿐인 수레바퀴 형태다. 나머지 사람들 간 커뮤니케이션 역시 모두 한 사람을 거쳐 일어난다.

셋째, 권력 핵심에 있는 사람에게 직접 커뮤니케이션하는 경로 외에, 한 사람을 더 거치는 경로가 존재하는 Y형태이다.

넷째, 집단구성원 한 명당 커뮤니케이션하는 사람이 두 명이며 서로 연결되어 있는 원형이다.

다섯째, 구성원 모두가 자유롭게 동등한 위치에서 커뮤니케이션하는 개방적 형태로, 집단 내에 특정한 리더가 없는 경우이다.

(4) 조직 커뮤니케이션

조직 커뮤니케이션(organizational communication)은 소집단 커뮤니케이션 참여자보다 소속 자격과 경계가 뚜렷하다. 대인 커뮤니케이션이나 소집단 상황에 비해 종적인 인간관계로 이루어지며, 위계질서가 잘 갖춰져 있다. 이 때문에 커뮤니케이션 흐름에서 정보나 권력의 쏠림 현상이 일어나기도 한다. 업무적 요소가 강하므로 계약적이고 공식적인 커뮤니케이션 특성이 따르고, 생명력이 길며 지속성이 있다. 또 구성원이 어디에 존재하고, 그 범위가 어디까지인지 확실하다. 조직 커뮤니케이션은 일상적 업무수행을 위한 명령 전달 기능, 업무 만족도와 생산성 향상에 기여하는 인간관계 기능, 평소 조직에 영향을 미칠 수 있는 환경요소를 파악하고 이와 관련한 정보를 수집하며 분석하는 불확실성 관리기능을 발휘한다.

(5) 공중 커뮤니케이션

공중 커뮤니케이션(public communication)은 화자(話者)는 한 명이지만 청자(聽者)는 다수인 상황에서 일어나는 커뮤니케이션을 말한다. '공중 스피치(public speech)' 혹은 '공중 연설'이라고도 한다. 이는 많은 청중을 대상으로 연속적이고 조직화된 메시지를 제시한다는 점에서 다른 커뮤니케이션 유형과 구별된다. 교실에서 선생님이 수업을 하는 상황, 학생이 발표를 하는 상황, 정치인이나 기업인의 연설, 신제품 설명회, 심지어 연회나 오락회 사회 등이 모두 공중 스피치 영역에 속한다.

공중 스피치는 아리스토텔레스(Aristoteles)의 수사학에서 비롯되었다. 아리스토텔레스는 공중 스피치가 전달자의 에토스(ethos, '카리스마' 개념과 비슷한 신뢰도)와 감성에 대한 파토스(pathos, 심미적 혹은 심리적인 측면으로 호소하는 것) 그리고 논리에 대한 로고스(logos, 지성 혹은 이성에 호소하는 것)라는 세 가지 요소에 기초한다고 설명하였다. 또 그가 밝힌 수사학의 다섯 가지 기술은 오늘날까지 중요하게 여겨지고 있다. 논거 발견술(inventio), 논거 배열술(dispositio), 표현술(elocutio), 기억술(memoria), 연기술(actio)이 그것이다. 공중 스피치는 많은 사람 앞에서 발표를 하고 평가를 받게 된다는 점에서 불안감을 유발할 수 있지만, 불안감을 느끼는 정도에는 개인차가 있다. 그리고 대개의 경우 커뮤니케이션 자체에 대한 불안이라기보다 대인공포증으로 인한 불안감에서 비롯된다.

(6) 매스 커뮤니케이션

매스 커뮤니케이션(mass communication)의 특징은 무엇보다 엄청난 규모의 대중을 상대로 빠르고 쉽게 커뮤니케이션을 할 수 있다는 데 있다. 이 경우 사람의 힘만으로는 불가능하기 때문에 기술 수단이 반드시 동원되어야 한다. 인쇄 기술이나 전자 기술, 컴퓨터 기술 등을 이용한 매스미디어가 커뮤니케이션에 유용하게 쓰이게 된 것은 바로 이 때문이다. 매스 커뮤니케이션을 '기계 매개 커뮤니케이션(machine-mediated communication)'이라고 하는 이유도 여기에 있다.

매스 커뮤니케이션은 공중 커뮤니케이션에서와 같이 송신자와 수신자가 명확하게 나뉘지만, 같은 공간을 사용하지 않는다는 점이 다르다. 더군다나 송신자는 대규모 조직에 속해 있는 전문가 집단이지만, 수신자는 익명으로 존재하는 원자화된 집단이다. 지리적으로 분산되어 있으며 유대감도 약하다. 자연히 송신자의 영향력은 매우 커지고, 수신자는 일방적으로 메시지를 전달받는 수동적인 입장이 되기 쉽다. 커뮤니케이션에서 가장 중요한 상호작용이 일어나기가 어려운 것이다. 매스 커뮤니케이션 메시지의 전달대상은 대중이다. 자연히 메시지는 개개인의 특성이나 욕구를 고려해 제작하는 것이 아니라, 폭넓은 사회계층을 아우르는 보편적인 내용으로 채워진다.

매스 커뮤니케이션의 메시지는 시공간을 뛰어넘어 넓은 지역에, 그리고 동시에 전달될 수 있다. 그러나 이러한 뛰어난 장점에도 불구하고 메시지 전달의 일방향성 때문에 피드백 생산이 풍부하지 못하다. 피드백이 있다 하더라도 매우 지연적으로 일어날 수밖에 없는 것은 커다란 단점이다. 최근 뉴미디어 시대 개막과 함께 상호작용성을 갖춘 새로운 커뮤니케이션 형태가 출현해 각광을 받고 있는 것은 바로 이러한 단점을 극복하고, 인간 커뮤니케이션의 원형인 대인 커뮤니케이션에 보다 가까이 다가갔기 때문이다.

03 커뮤니케이션의 수단

1) 언어적 커뮤니케이션

언어가 없는 커뮤니케이션은 상상하기 힘들다. 언어란 그저 단어를 만들어 내는 도구가 아니다. 인간 커뮤니케이션의 상호작용을 도와 송수신자가 서로의 인식에 동참할 수 있게 한다. 언어가 인간에게 중요한 또 다른 이유는 그것이 사유의 도구이기 때문이다. 모든 생각의 근원에는 언어가 있다. 이 때문에 언어는 인간의 사회 인식에 영향을 준다. 인간은 언어로 사유하고, 언어로 판단하고, 언어로 현실을 해석한다.

언어는 커뮤니케이션의 주된 통로로서 개인의 내면적 상태와 의도를 전달하는 가장 강력하고 효과적인 수단인 반면, 그 언어의 내용과 질에 의해 크게 영향을 받을 뿐 아니라, 양쪽이 사용하는 언어에 대한 공통의 이해가 없이는 의도와 다르게 오해와 왜곡을 불러일으킬 수 있다는 점을 유의해야 한다.

언어는 인간 커뮤니케이션의 핵심요소이지만, 언어만으로 의미 전달이 완벽하게 이루어질 수 없다. 언어 자체가 지니는 한계도 분명히 있다. 그러나 우리는 어렸을 때부터 모국어를 유창하게 구사해 왔고, 이를 이용한 정보처리에 익숙해졌기 때문에 언어 커뮤니케이션에 아무런 불편을 느끼지 못하고 살아간다. 그러나 실제로는 그렇지 않다. 흥미로운 사실은 언어의 장점이 동시에 문제점이 될 수도 있다는 것이다.

효과적인 언어적 커뮤니케이션을 위해서는 다음과 같은 기술적 노력이 필요하다.

① **나-메시지**(I-message): 상대방에게 자신의 메시지를 정확하고 명료하게 전달해야 한다.
② **적극적 경청**: 상대방의 메시지 내용에 주의를 기울이고 이해하려고 노력해야 한다.
③ **질문하기**: 이해가 잘 안 되는 부분에 대해 상대방에게 추가적인 정보를 요청해야 한다.
④ **설명하기**: 자신이 가지고 있는 정보를 상대방에게 정확하고 충분하게 제공해야 한다.
⑤ **강화주기와 강화받기**: 상대방의 대화에 맞장구를 쳐주고 인정·칭찬·격려 등의 긍정적 메시지를 전달 및 수용해야 한다.
⑥ **자기노출**: 주변에 잘 알려지지 않은 자신의 개인적 정보를 의도적으로 노출해야 한다.
⑦ **자기주장**: 자신의 생각·감정·신념을 가급적 진실하고 솔직하게 표현해야 한다.
⑧ **유머**: 때와 장소를 고려하여 따른 적절한 유머나 농담을 사용해야 한다.

2) 비언어적 커뮤니케이션

비언어적 커뮤니케이션이란 언어를 사용하지 않고 정보를 전달하는 방식이다. 비언어의 유형으로는 몸짓과 얼굴표정, 눈 마주치기, 제스처 및 자세와 같은 신체언어를 포함해 거리(친밀한 거리와 개인적 거리)와 같은 가시적 채널과 말의 내용이 제거되었을 때에 언어 신호에 남아 있는 것, 즉 음성의 고저, 어조, 크기, 속도, 질, 그리고 억양(강약)과 같은 언어 부수적 채널이 이에 해당한다. 다만 언어적 커뮤니케이션과 마찬가지로 상호 공통의 이해가 없을 경우 오해와 왜곡을 불러일으킬 가능성이 높다.

학자에 따라서는 패션과 지위를 나타내는 심벌을 비롯해 무용과 드라마, 음악과 마임(mime)에 이르기까지, 또는 감정의 흐름에서부터 교통의 흐름까지, 동물의 영토 방위 행동으로부터 정치인의 외교 의례에 이르기까지, 모든 것을 비언어로 파악하기도 한다. 일반적으로 언어가 사실에 대한 정보를 전달하는 데 효과적인 반면, 비언어는 감정이나 느낌을 전달하는 데 보다 효과적인 것으로 인식된다.

비언어는 만국 공통어다. 언어의 장벽을 뛰어넘는 호소가 가능하다. 우리는 흔히 커뮤니케이션이 곧 언어라고 단정짓는 경향이 있지만, 인간의 커뮤니케이션은 결코 언어만으로 이루어지지 않는다. 실제 비언어가 커뮤니케이션에서 차지하는 비중은 매우 높다. 심리학자 앨버트 머라비언(Albert Mehrabian)은 비언어가 의미전달의 93%를 차지한다고 말한다. 레이 버드휘스텔(Ray Birdwhistell)은 표현 수단으로서 언어 대 비언어의 비율이 35대 65에 이른다고 주장한다. 비언어 커뮤니케이션의 유형은 다음과 같다.

음성언어와 문자언어의 특징

(1) 신체언어

신체를 이용한 커뮤니케이션은 가장 원초적인 인간 본능의 하나로서, 중요한 비언어 행위다. 자세와 몸짓, 표정, 제스처 등 신체가 만들어 내는 언어를 연구하는 학문 분야가 따로 있을 정도다. 이를 '키네식스(kinesics)'라고 부른다. 이 가운데 표정은 감정 상태를 표현하는 데 매우 유용하다. 흥미로운 사실은 표정을 짓는 데 따라 그와 관련된 감정이 느껴지기도 한다는 것이다. '안면 피드백(facial feedback) 가설'에 따르면 사람들이 웃는 표정을 지을 땐 기분이 즐거워지지만, 시무룩한 표정을 만들면 기분이 나빠지는 것을 경험하는 것으로 밝혀졌다. 어떤 표정을 짓는가에 따라 감정이 달라질 수 있다는 얘기다.

(2) 외모 · 의상 · 장신구

얼굴의 생김새나 키가 크고 작은 정도, 살이 찌고 마른 정도는 한 개인에 대한 첫인상에 많은 영향을 미치는 비언어다. 심리학에서는 타인과의 접촉 시 인상 형성에서 처음 들어온 정보가 나중에 들어온 정보보다 더 큰 영향을 준다는 '초두 효과(primacy effect)'를 강조한다. 그런 의미에서 외모가 주는 첫인상은 매우 강력한 효과를 지니는 비언어다. 외모 외에도 옷차림과 장신구도 한 개인을 표현하는 비언어다. 특히 의상과 장신구는 부의 척도이자 사회적 신분을 손쉽게 드러내는 비언어 역할을 한다.

(3) 유사 언어

언어 자체가 아닌, 언어의 음성적 측면과 관련된 '유사 언어(paralanguage)'는 감정 상태와 성격을 주로 나타낸다. 일반적으로

화가 났을 때는 평소보다 말의 속도가 빠르고 높은 음의 큰 소리를 내며 딱딱한 어투를 띠는 것처럼, 기분에 따라 유사 언어의 사용이 달라진다. 상황에 따른 차이도 있다. 어려운 얘기를 하거나 상대방의 이해도가 낮다고 생각될 경우, 또박또박 끊어서 얘기하고 정지 시간(pause)을 길게 사용하기도 한다.

한편, 유사 언어와 관련한 습관은 그 사람의 성격을 판단하는 단서가 된다. 억양에 변화가 많고 빠르게 말하는 사람은 정열적이고 외향적인 성격을 가진 사람으로 생각되며, 말이 느리고 억양이 일정한 사람은 신중한 사람으로 생각된다. 이처럼 유사 언어는 개인의 말하는 스타일과 관련되어 커뮤니케이션 능력을 결정짓는 중요한 요소로 작용하기도 한다. 그러므로 공중연설 등 공식적인 스피치에서 매우 중요하게 다루는 부분이 된다.

(4) 공간·시간 언어

문화인류학자인 에드워드 홀(Edward Hall)은 커뮤니케이터와 수용자 사이의 물리적 거리를 중요한 비언어로 보았다. 이를 연구하는 분야를 가리켜 '공간학(proxemics)'이라고 한다. 홀은 사람들이 상황에 따라 이용하는 공간의 거리를 다음 네 가지로 나누어 설명하고 있는데, 거리가 멀수록 업무적이고 공식적인 상황을 나타낸다.

① **친밀한 거리**(intimate distance): 45cm 이내의 거리. 엄마와 아기, 연인 사이 등 매우 근접한 관계에서 유지되는 거리이다.

영역과 거리	적적한 사람과 상황
영역1 : 친밀한 거리영역  (0-18인치)	부모와 자녀, 연인, 부부
영역2 : 개인적 거리영역  (18인치-4피트)	친한 친구
영역3 : 사회적 거리영역  (4피트-12피트)	동료, 사교모임, 친구, 작업 상황
영역4 : 공적 거리영역  (12피트 이상)	연기자, 낯선 사람, 공식적 업무

❙그림 5-2❙ 대인거리 영역

출처: 김정희 외 역(2005).

② **개인적 거리**(personal distance): 45~120cm까지의 거리. 일반적인 친구 사이에서 대화하기 좋은 거리이다.

③ **사회적 거리**(social distance): 120~360cm까지의 거리. 직장에서 공적인 업무로 대화할 때 주로 사용되는 거리이다.

④ **공적 거리**(public distance): 360cm 이상의 거리. 이는 대인 커뮤니케이션이 불가능한 상황으로, 흔히 공중을 대상으로 한 연설이나 강연 등에 이용되는 거리이다.

한편 시간의 사용도 비언어 커뮤니케이션 행위다. 약속 시간에 늦게 나타나거나 편지나 이메일, 전화 연락에 즉각 반응하지 않고 시간이 흐르게 하는 것은 무언의 메시지를 전달하는 것이기도 하다.

(5) 접촉 언어

신체를 접촉하는 행위 또한 중요한 커뮤니케이션 수단이다. 일반적인 인간관계에서 접촉은 친밀감을 표시하기 때문에, 이를 지표로 삼는 연구가 이루어지기도 한다. 이러한 학문 분야를 가리켜 '햅틱스(haptics)'라고 부른다. 그러나 신체 접촉에는 남녀 간, 문화 간 차이가 크게 존재한다.

06 Chapter

갈등관리

학습목표

1. 갈등의 의미에 대해 이해한다.
2. 갈등의 유형이 어떻게 구분되는지 살펴본다.
3. 유형별 갈등관리 방법에 대해 살펴본다.

01 갈등관리의 의미

1) 갈등이란?

갈등(葛藤)이란 단어의 한자를 풀어 보면 칡(葛)과 등나무(藤)라는 뜻으로, 글자 그대로 칡과 등나무가 얽히듯이 일이나 사정 등이 복잡하게 뒤얽혀 화합하지 못하는 모양새를 말한다.

사전적으로 갈등(conflict)이란 "개인의 정서나 동기가 다른 정서나 동기와 모순되어 그 표현이 저지되거나 정신적인 세계 내부에서 각기 다른 방향으로 지닌 힘들이 충돌하는 현상" 또는 "개인 및 집단이 가지고 있는 두 가지 이상의 상반·상치되는 견해·이해·경향·정서·목표들이 거의 동시에 존재해 어떤 행동을 할지 결정하지 못하고 충돌하는 상태"라고 정의되어 있다. 이는 개인이나 집단 사이에 목표나 이해관계가 달라 서로 적대시하거나 불화(不和)를 일으키는 상태를 말한다.

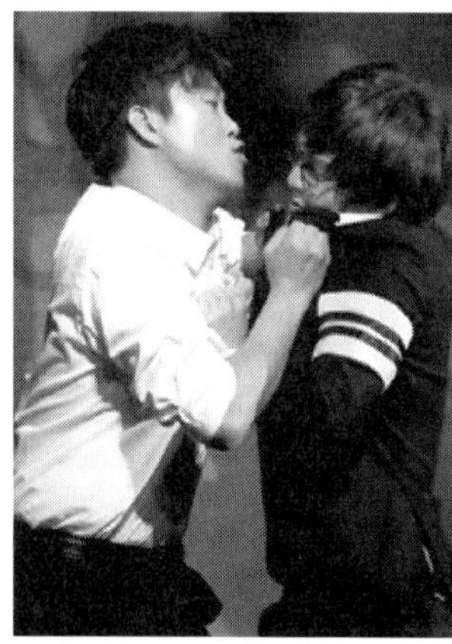

즉, 갈등이란 어떤 개인이나 집단이 자기의 목표를 지향하려는 행동에 다른 사람이나 집단으로부터 저지 또는 차단을 당하였을 때 개인 간이나 집단 간에 생겨나는 불화 상태이다.

이와 같은 갈등은 문명생활의 산물이라고 할 수 있다. 가령 원시생활에서는 격분 끝에, 또는 두려운 나머지 적을 죽이는 일은 극히 당연하게 여겼다. 그러나 현대 문명사회에서는 여러 가지 목적이나 이상이 서로 모순되기 때문에 그렇게 마음대로 행동할 수 없으며, 궁극적으로 각자의 정서 표현을 제한하고 충동의 만족을 제약하면서 갈등이 발생하게 된다. 갈등은 인간의 정신생활을 혼란하게 하고 내적 조화를 파괴하며, 외적으로는 공공질서를 파괴하여 폭동을 유발하는 등 무서운 결과를 초래한다. 그리고 이와 같은 갈등은 개인과 개인 사이에만 일어나는 것이 아니라, 개인과 조직 사이에, 조직과 조직 사이에도 일어난다. 따라서 갈등은 사람들이 모여 사는 곳이라면 언제 어디에서나 있기 마련인 필연적이고 보편화된 현상이다.

실제로 갈등은 여러 상황이나 장면에서 발생할 수 있고, 유형도 다양하기 때문에 학술적으로 하나의 고정된 정의를 사용하는 것은 쉽지 않다. 사회·심리학적 측면에서 볼 때, 갈등은 두 개의 양립할 수 없는 욕구나 기회, 목표 등에 직면하거나 사회적 대상의 내부 또는 외부에서 일어나는 부조화(不調和) 상태에서 발생하게 된다. 이 경우에도 한편으로는 개인의 내면에서 발생하는 욕구나 심리적인 상태 간의 충돌을 나타내기도 하고, 다른 한편으로는 다른 대상(또는 사회적 집단)들 간의 충돌을 나타내기도 한다.

이러한 관점에서 볼 때 갈등은 개인과 집단의 내적 충돌과 함께 외적 충돌을 모두 포함하며, 따라서 갈등을 이해하기 위해서는 개인과 집단 내부에서 일어나는 갈등과 집단 간의 갈등을 구분하여 살펴볼 필요가 있음을 알 수 있다.

02 유형별 갈등관리

갈등(conflict)이란 의사결정 과정에서 선택을 둘러싸고 곤란을 겪는 상황을 말한다. 갈등에는 여러 가지 형태가 있다. 이를 크게 두 가지의 부류로 분류한다면 갈등의 주체(主體)를 기준으로 분류할 수도 있고, 조직에의 영향을 기준으로 분류할 수도 있다. 갈등의 주체를 기준으로 할 때에는 개인적 갈등과 복수 의사 주체 간의 갈등, 즉 조직 내 갈등, 조직 간의 갈등으로 나눌 수 있다.

개인적 갈등은 개인의 욕구(欲求)가 대립·경합하는 경우이거나 어떤 결정 사항을 놓고 어떻게 결정하여야 좋을지 고민에 빠지는 경우와 같은 심리적 상태를 말한다. 조직 내의 갈등은 신분과 직위의 차별에 의한 불만, 또는 학벌(學閥)·지연(地緣) 등을 중심으로 한 비공식집단의 배타적 성향 등에서 생기는 갈등이다. 조직 내의 갈등으로는 상관과 부하 간의 갈등, 파벌(派閥) 간의 갈등, 계선(系線, 계선기관)과 참모(參謀, 참모기관) 간의 불화, 숙련자와 미숙련자와의 갈등 등이 이에 해당된다.

그리고 복수(復數) 의사 주체 간의 갈등은 공동 의사결정의 필요성(need for joint decisionmaking)이 있고 행동 주체 간에 목표의 차이가 있거나 현실에 대한 인지(認知)의 차이가 있을 때 발생한다. 이러한 복수 의사 주체 간의 갈등해결 방법으로는 사실에 관한 정보수집을 통해 해결책을 모색하는 문제해결(problem solving)과 설득(persuasion), 흥정(bargaining) 그리고 연립형성(coalition building)을 통해 해결책을 모색하는 책략(politics)이 있다. 조직 및 집단 차원에서의 갈등은 둘 이상의 행동 주체 사이에서 상호 이해나 목표가 상충하거나 희소가치의 획득을 둘러싸고 서로 다투는 현상이라고 정의할 수 있다. 조직과 조직 간에 생기는 갈등은 정부 부처(部處) 간에 예산 확보를 둘러싸고 생기는 갈등, 중앙정부와 지방정부(지방자

치단체) 간에 업무관할권을 둘러싸고 생기는 갈등, 관리자와 노동조합 간에 임금인상과 관련된 노사분쟁 등이 있다.

1) 개인 내적인 갈등관리

사이먼(Herbert A. Simon)과 마치(James G. March)는 개인 갈등의 원인으로 대안이 모두 만족스럽지 못한 비수락성(unacceptability), 어떤 대안이 더 나은 대안인지 알지 못하는 비비교성(incomparability), 그리고 각 대안이 초래할 결과를 모르는 불확실성(uncertainty)의 세 가지를 들고 있다. 이러한 개인 갈등을 해결하기 위해서는 새로운 대안을 더 탐색하거나 목표를 낮게 수정해야 할 것이다.

어느 한 개인의 내부에서 발생하는 갈등은 개인의 욕구나 목적을 달성하는 데 방해요소로 작용하기 때문에, 개인의 욕구를 충족시키고 목표를 달성하는 데 있어서 갈등을 극복하는 것이 무엇보다 중요한 과제라고 할 수 있다. 결과적으로 어떤 한 개인이 갈등을 극복하지 못하고 끝내 좌절하게 된다면, 이후의 개인에게 스트레스(stress)를 유발한다는 점에서 갈등의 역할과 그 밑바탕에 있는 심리적 과정은 교육·심리학 분야에서 매우 중요한 연구과제이다.

개인 갈등과 관련해서는 대표적으로 정신분석학의 창시자인 프로이트(Sigmund Freud, 1856~1939)의 견해와 사회 및 조직 심리학(organizational psychology) 발전에 기여한 레빈(Lewin, 1890~1947)의 견해가 있다. 이와 함께 개인이 어떻게 심리적인 부조화 상태에 당면하게 되고 이러한 부조화 상태를 극복하기 위해 어떠한 대처전략을 사용하는지를 나타내는 페스팅거(Leon Festinger, 1919~1989)의 인지 부조화(cognitive dissonance) 이론을 살펴볼 필요가 있다.

(1) 프로이트가 말하는 갈등

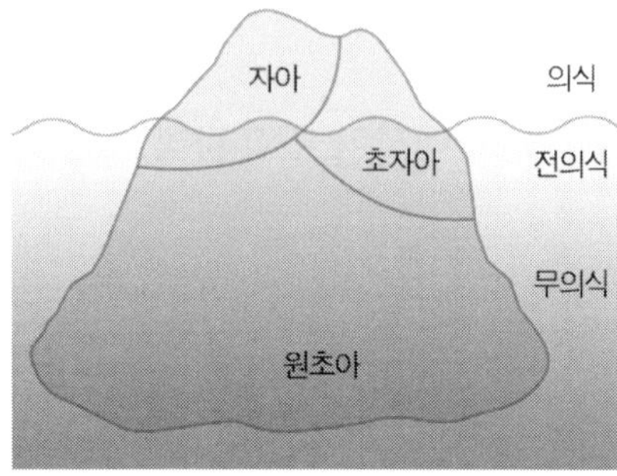

갈등은 생존과 직결되는 본능인 동시에 이를 해결하고자 하는 인간의 욕구를 반영한다. 개인 내부의 갈등은 프로이트의 정신분석학적 관점에서 보면 원초아(id)가 쾌락원리를 추구하는 과정에서 자아(ego)의 통제를 받아 긴장이 발생하고 이러한 긴장상태가 심리적 갈등상태를 유발한다.

프로이트는 인간의 마음을 원초아(id), 자아(ego), 초자아(super-ego)로 구분하면서, 이 중 자아(ego)가 원초아(id)와 초자아(super-ego) 간 균형유지의 중재 역할을 한다고 하였다. 그런데 이러한 중재 기능이 제대로 작동되지 못한 채 원초아(id)와 초자아(super-ego) 간 갈등이 지속되면, 불안과 동시에 공포에 가까운 고통스러운 심리상태가 발생할 수 있다고 주장한다.

원초아(id)와 초자아(super-ego) 간의 갈등은 무의식적으로 발생하기 때문에 대부분이 이를 의식하지 못하는데, 이를 극복하기 위한 방법으로 우리의 자아는 무의식 속에서 억압(repression), 부정(denial), 투사(projection), 반동형성(reaction formation), 합리화(rationalization), 주지화(intellectualization), 승화(sublition), 환치(displacement), 퇴행(regression), 동일시(identificastion) 등과 같은 자아방어기제(ego defense mechanism)를 활용하게 된다.

이때 우리의 자아는 갈등에 대처하기 위해 충동과 불안을 유발하는 생각을 의식 밖으로 밀어내거나, 거부하거나, 자신의 생각을 마치 다른 사람들이 가지고 있는 것으로 타인에게 전가하거나, 때로는 자신의 생각이나 행동을 정당화하는 등의 다양한 전략을 사용하여 갈등을 조절하고 자신을 보호하게 된다.

(2) 레빈이 제안한 갈등의 세 가지 유형

레빈은 인간의 목표와 욕구의 측면에서 갈등을 조명하고자 하면서 양립할 수 없는 두 가지 이상의 동기나 목표, 욕구에 의해 개인 내적인 갈등이 발생한다고 주장한다.

이를 구체적으로 살펴보면, 하나의 목표나 욕구가 긍정적(+)이고 매력적인 측면과 동시에 부정적(−)이고 불쾌한 측면을 가지는 상황에서 갈등은 발생한다.

또한 두 개의 긍정적(+)이고 매력적인 목표나 욕구들 가운데 한 가지만을 선택해야 하는 상황이나, 두 가지 모두 자신에게 부정적(−)인 경우에 한 가지를 선택해야 하는 상황에서도 갈등은 발생한다.

레빈은 이처럼 사람들이 목표와 욕구에 따라 자신에게 긍정적(+)이고 매력적인 목표에 다가가고자 하는 접근경향과 부정적(−)이고 불쾌한 목표에서 멀어지고자 하는 회피경향이 있다면서 이를 갈등 상황에 따라 세 가지 유형으로 구분한다.

① **접근−접근 갈등**(avoidance-avoidance conflict): 매력적이고 긍정적인 두 가지 목표 중 하나의 목표를 선택해야 하는 상황이 개인에게 스트레스와 갈등을 야기하는 상황(예를 들면, 여성이 결혼과 직장 사이에서 진퇴양난이 되어 있는 경우)이다. 다만, 이 경우에는 두 가지 중 어느 한 가지에 대한 매력과 장점을 증가시키는 방법을 찾음으로써 갈등 해결이 가능하다.

② **회피-회피 갈등**(avoidance-avoidance conflict): 불쾌감을 유발하고 부정적인 두 가지 목표 가운데 한 가지를 선택해야 하는 상황에서 발생하는 갈등(예를 들면, 앞은 낭떠러지요, 뒤에는 호랑이가 있어 어느 쪽으로 나아가도 화를 면할 수 없는 경우)이다.

③ **접근-회피 갈등**(approach-avoidance conflict): 앞의 두 가지 갈등 유형과 다르게 하나의 목표에 대해 접근 경향과 회피경향을 동시에 가질 때 발생(예를 들면 시험에는 합격하고 싶은데, 공부는 하기 싫다는 등과 같은 경우)한다. 이러한 갈등이 둘 이상의 목표나 사건에서 발생할 경우에는 이를 이중 접근-회피 갈등이라고 지칭한다.

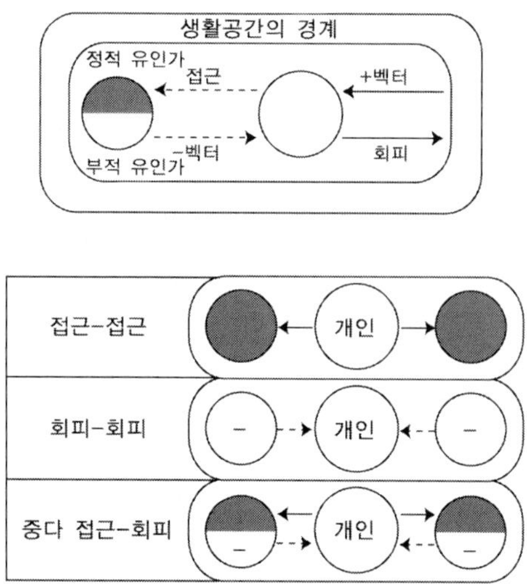

▌그림 6-1▐ 레빈의 갈등의 세 가지 유형

(3) 페스팅거의 인지 부조화

미국의 사회심리학자인 페스팅거는 두 개의 신념 사이 또는 신념과 개인의 행동 사이에서 충돌이나 갈등이 발생하는 상황을 인지 부조화라고 규정하고 있다.

예를 들어 건강을 위해 다이어트를 하고 있는데 무심코 연 냉장고 안에서 초콜릿 아이스크림을 발견했을 경우 '아이스크림은 다이어트에 좋지 않다'는 생각(또는 신념)과 '달콤한 아이스크림을 먹고 싶다'는 또 다른 욕구의 충돌이 발생한다.

이럴 경우, 사람들은 심리적인 불편함을 느끼고 이를 해소하기 위해 이솝 우화에 나오는 '여우와 신포도'에서의 여우와 마찬가지 심리로 더 바꾸기 쉬운 신념을 바꾸게 된다. 예컨대 '오늘은 운동을 열심히 했으니, 하루쯤 초콜릿 아이스크림을 먹어도 괜찮아'하고 생각하는 것과 같은 것을 말한다.

2) 집단(조직) 내 갈등관리

(1) 갈등의 유형과 속성

갈등은 인간으로서 생존과 직결되는 본능인 동시에 이를 해결하고자 하는 욕구를 반영하는 것으로, 개인 내부의 내적 갈등과 다른 사람과의 관계에서 발생하는 외적 갈등으로 구분된다. 인간관계의 측면에서는 내적 갈등보다는 외적 갈등의 관리 및 해결이 무엇보다 중요하다.

다른 사람과의 관계에서 발생하는 외적 갈등은 자신이 관심을 가진 것에 상대방이 부정적인 영향을 미치거나 미치려고 한다는 것을 지각할 때 나타난다(Thomas, 1992). 이를 갈등하는 대상의 규모에 따라 개인과 개인 간, 집단(조직) 내 갈등, 그리고 집단과 집단 간 갈등으로 구분할 수 있다. 갈등의 내용에 따라서는 목표갈등(goal conflict), 정서갈등(affective conflict), 행동갈등(behavioral conflict)으로도 구분할 수 있다. 갈등을 그것이 조직에 영향을 미치는 정도를 기준으로 하여 분류한다면, 마찰적(摩擦的) 갈등과 전략적(戰略的) 갈등으로 나눌 수 있다. 마찰적 갈등이란 조직의 구조에 그다지 변화를 초래하지 않고 단순히 마찰에만 그치는 갈등을 말하고, 전략적 갈등이란 갈등이 심화되어 조직의 구조까지 크게 변화시키는 갈등을 말한다.

갈등은 조직에 역기능적으로 작용할 수도 순기능적으로 작용할 수도 있다. 1940년대까지 지속되어 온 전통적 견해는 갈등을 부정적으로 보고 갈등 해소가 집단성과를 개선하는 길이라고 보았다. 그리고 행태주의적 견해는 갈등을 조직 내의 필연적 현상으로 보고 갈등은 때로 집단의 성과를 향상시킨다고 보았다. 한편, 1970년대 이후 대두한 상호작용주의적 관점(interactionist view)은 갈등이 조직 발전의 추진력이 될 수 있다고 주장하면서 조직 목표의 달성에 긍정적인 갈등은 조장하고, 부정적인 영향을 미치는 갈등은 제거해야 한다고 주장한다. 조직 내에서의 갈등이 단순히 부정적인 영향만을 주는 것만이 아니라, 창의적인 직무 수행이나 민주적인 의사결정 그리고 다양한 시각으로 조직을 바라볼 수 있게 하는 등의 긍정적인 영향을 주기도 하므로 부정적(−) 영향을 줄이고, 긍정적(+) 기능을 발휘할 수 있도록 관리하는 것이 필요하다.

(2) 갈등의 특성과 원인

갈등이 다른 현상과 구별되는 주요 특성(속성)을 들면 다음과 같이 요약할 수 있다.

첫째, 갈등이 생기는 데는 적어도 둘 이상의 당사자(當事者)나 대안(代案)이 있기 마련이다.

둘째, 갈등은 대체로 자유의 부족, 직위(職位)나 자원(資源)의 희소성(scarcity)으로 인해 생긴다.

셋째, 갈등은 양립할 수 없는 둘 이상의 목표의 추구에서, 하나의 목표 성취는 다른 하나의 목표의 희생을 전제로 하고 있다.

갈등을 일으키는 원인에는 여러 가지가 있겠으나 이를 인간적 요인·구조적 요인·환경적 요인으로 구분할 경우, 인간적 요인(人間的 要因)으로는 ① 추구하는 목표의 차이, ② 인지의 차이, ③ 비공식 집단의 정서 등을, 구조적 요인(構造的 要因)으로는 ④ 의사소통의 장애, ⑤ 지위의 부조화, ⑥ 전문화와 계선(계선기관)·막료(참모기관)의 구조(조직구조) 등을, 환경적 요인(環境的 要因)으로는 ⑦ 자원의 한정성을 들 수 있다.

① **추구하는 목표의 차이**: 한 인간도 개인적으로 추구하는 목표가 상황에 따라 시시각각 바뀔 수가 있는데, 하물며 여러 사람들로 구성된 조직에서나 집단에서 그 추구하는 목표가 제각기 다를 수 있음은 말할 필요가 없다. 따라서 조직 내의 각 부서(部署)(부서편성) 간에는 추구하는 목표나 사업의 우선순위를 놓고 의견의 차이가 있을 수 있고, 특히 의사결정 과정에서 사람마다 추구하는 목표가 같지 않을 때 선호(選好)하는 대안(代案)의 선택(대안탐색)을 놓고 서로 대립할 경우 갈등은

생겨날 수 있다.

② **인지의 차이**: 사물이나 현상에 대한 인간의 인지(認知), 즉 지각(perception)은 사람에 따라 차이가 있다. 다시 말해서 객관적으로 보아 동일한 현상인 데도 이를 보는 사람에 따라 그 느낌과 해석이 달라질 수 있다는 것이다. 이러한 인지의 차이는 사람마다 가치관 · 신념 · 경험 등이 서로 다르기 때문에 생겨난다. 여러 사람들이 모인 집단에서는 사람마다 인지의 차이가 있기 때문에 이로 인한 갈등은 언제나 있을 수 있는 일이다.

③ **비공식 집단의 정서**: 조직 내에 자생적(自生的)으로 생겨난 비공식집단(非公式集團)도 갈등의 원천이 될 수 있다. 특히 비공식집단이 지연(地緣) · 학연(學緣) · 종교(宗敎) 등을 중심으로 만들어졌을 경우 그 구성원들의 정서(情緖)가 자기 집단에 대하여 지나치게 애착심을 갖게 함으로써 다른 집단에 대하여 배타적 태도로 나타나 집단 간 갈등을 생겨나게 할 수 있다.

④ **의사소통의 장애**: 같은 조직 내에서나 조직 단위간(하부조직간)에 있어서 의사소통(意思疏通)(커뮤니케이션)이 원활하지 못하여 의사전달이 잘못되거나 왜곡된 정보가 전달될 경우 갈등이 발생할 수 있다.

⑤ **지위의 부조화**(disharmony): 한 조직 내에서 능력 면이나 자격 · 경험 등에 있어서 우수한 자를 제치고 그보다 뒤지는 자(열등자, 劣等者)가 높은 자리(지위, 地位)를 차지하는 것을 말한다. 이러한 불공정한 인사행정은 조직 내의 구성원들 간에 갈등을 일으키는 원인이 된다.

⑥ **전문화와 계선 · 막료의 구조**: 업무의 전문화(專門化)가 이루어

진 조직에서는 전문직(계약직)과 일반직, 한 전문직과 다른 전문직 간에 갈등이 생겨날 수 있다. 전문가들은 일반직(一般職)의 의견이나 판단을 상식적으로 평범한 것이라 하여 무시해버리려 하고, 일반직은 전문가의 견해가 너무 근시안적인 것이라 하여 받아들이지 않는 경향이 있다. 또 전문가는 자기의 전문성(專門性)을 지나치게 강조하고 과신함으로써 다른 전문직의 의견이나 판단에 귀를 기울이지 않고 자기의 생각만이 타당한 것으로 주장하는 경향이 있다. 이와 같이 전문화된 조직에서는 서로 간에 불신함으로써 갈등이 곧잘 생겨나게 된다.

⑦ **자원(資源)의 한정성(限定性)**: 갈등을 생기게 하는 환경적 요인으로서 대표적인 것이다. 이를 경제학에서는 자원의 희소성(scarcity)이라 부른다. 조직에서 사용되는 자원은 그 공급이 한정되어 있기 때문에 언제나 수요를 충족시켜 주지 못하고 있다(여기서 자원이란 주로 예산 및 급료를 뜻한다). 이와 같이 한정된 자원을 둘러싸고 조직 내에서나 조직 단위(하위조직) 간에 서로가 많이 확보하려고 경쟁을 하게 된다. 경쟁이 치열하면 치열할수록 반드시 경쟁자들 사이에는 갈등이 생겨나게 마련인 것이다.

(3) 갈등의 기능

갈등을 조사한 많은 연구에서 갈등을 일으키는 원인을 개인과 결합된 조직사회에서 찾는 노력을 기울였고, 이와 함께 조직 내 갈등관리의 필요성과 그 결과에 대한 연구로 발전했다.

갈등은 부정적인 기능만을 가지고 있는 것은 아니다. 갈등은 조직 내에서 수행을 이끌어내기도 하고, 민주적인 의사결정이 이루어지도록 만들고, 조직 목표달성을 이루고, 다양한 시각으로 조직을 바라보게 하는 순기능 역할을 한다는 관점도 분명히 존재한다(Tjosvold, 1991). 하지만 갈등이 순기능을 발휘하려면 효과적인 갈등관리가 반드시 전제되어야 한다. 따라서 조직 내에 존재하는 갈등을 효과적으로 관리하려는 노력이 없다면 갈등은 역기능적 요소로 작용할 것이다. 이런 의미에서 갈등의 기능적 관점에 대한 연구에서도 조직 내 갈등 발생을 최소화하고 갈등을 제거하면서 갈등이 야기하는 결과에서 긍정적인 효과를 최대화하려는 목적으로 갈등관리의 중요성을 강조하고 있다.

조직 내 갈등관리는 결과적으로 개인의 성과(成果)와 직결되는 문제이며 나아가 조직 목표달성 여부에 중요한 영향을 미친다. 조직 내 갈등관리가 조직 유효성에 유의한 영향을 미친다는 것이 밝혀졌고(De Dreu, Evers, Beersma, Kluwer, & Nauta, 2001), 작업장에서 발생하는 개인 간의 갈등을 효과적으로 관리했느냐에 따라 조직의 성과가 결정된다는 연구도 있다(Tjosvold, 1998). 조직의 갈등관리는 개인 차원의 문제가 아니라 조직 차원의 성패와 결부된다는 것은 현대의 경영자와 관리자들에게 중요한 과제가 되고 있다.

갈등이라 하면 우선 사람들 간의 불화(不和)나 심리적 불안을 연상케 한다. 그래서 과거에는 조직 내에서 일어나는 갈등을 해로운 역기능으로만 작용하는 것으로 생각했었다. 그러던 것이 근래에 와서는 갈등도 경우에 따라서는 조직의 발전에 유익한 순기능도 한다는 주장이 제기되고 있다.

이에 따라 갈등의 기능에 관하여는 오늘날 학자에 따라 견해가 엇갈리고 있다. 그러나 갈등이 심화되기 전에 합리적으로 해소시킬 경우 순기능도 수행한다고 보는 입장이 일반적이다. 갈등이 조직에 이롭게 하는 기능(순기능)으로는 다음과 같은 것을 들 수 있다.

첫째, 조직의 발전에 새로운 계기를 마련해 준다. 정책수립(정책형성)에 있어서 각자 제시한 대안(alternative plan)을 놓고 토론 과정에서 생겨나는 그러한 갈등은 건설적인 갈등이라고 말할 수 있다. 이러한 갈등은 오히려 조직의 발전에 필요한 변동을 촉진시켜주는 원동력이 될 수 있다.

둘째, 조직의 침체 현상을 방지하고 활력을 넣어준다. 즉, 갈등은 조직 구성원들로 하여금 선의(善意)의 경쟁을 하도록 함으로써 정체된 사고방식에서 탈피하게 하고 조직의 활성화를 촉진케 한다.

셋째, 갈등은 조직 내에 문제점이 있다는 신호의 역할을 한다. 조직 내에 갈등이 생긴다는 것은 곧 조직 내에 문제점이 있음을 암시해 주는 것으로도 이해할 수 있다. 따라서 조직 내에서 갈등이 생겨났을 때 관리자는 그 갈등과 관련된 문제 부분을 진단하여 조직의 혁신을 기할 수 있게 된다.

그러나 갈등이 해소되지 않고 누적될 경우, 다음과 같은 역기능을 하게 된다.

첫째, 갈등은 조직이나 집단에 불안(不安)을 조성시킨다. 조직 내의 구성원들 간이나 조직과 조직 간에 갈등이 생기면 갈등 당사자 간에 대립 상태로 놓이기 때문에 조직 내의 분위기가 자못 어수선해진다.

둘째, 갈등은 조직의 구성원들 서로 간에, 또는 조직과 조직 간에 적대의식(敵對意識)이나 분쟁(紛爭)을 격화시킨다.

셋째, 조직 및 집단의 불균형을 초래케 하고 위계질서(位階秩序)를 문란시킨다. 특히 조직 내에서 집단 간에 갈등이 일어날 경우에는 집단적 세력을 믿고 상관을 능멸하는 태도가 나타날 수 있다.

(4) 갈등관리의 유형론

대부분의 갈등관리 연구에서 채택하고 있는 유형론은 인간의 개인차와 행동을 개체의 안정적인 기질에 관련시켜 보는 개념이다. 이러한 유형론은 인간을 그 전체성, 통일성, 구체성으로 파악하고자 하는 것에서 비롯되었으며, 인간의 다양성을 질서 있게 정리하는 방법으로서 적용된 것이다. 즉, 사람들을 개인의 유형이나 범주에 따라 나눌 수 있다고 보는 것이다. 유형론의 공통적인 특징은 ① 인간을 '독자적인 전체'로 생각하고, 그것을 더 작은 부분으로 나눌 수 없는 것으로 본다. ② 개인 행동을 개개의 특성으로 분석하여 행동 자체를 측정하는 것은 본질적인 문제가 아닌 것으로 본다. ③ 통계적 평균의 문제가 아니라 전형적인 개개의 사례 연구가 중요하며, 그와 같은 유형의 기술을 개인 분석의 과제로 본다. ④ 어떤 원리·기준에 근거하여 인간의 다양한 행동에서 본질적이고 유형적인 것을 추출하고, 그 구조를 규명함으로써 유형 모델을 설정한다. 이처럼 유형은 서로 구분되어 있고 비연속적인 범주이다.

이러한 유형론은 방법론적 측면에서 가치중립적 접근방식이 개념 정립에 혼입된 것일 수 있다. 유형론이란 인간형(型)을 몇 가지로 분류하고, 그에 따라 성격을 이해하려고 하는 관점으로, 심리 유형은 교육이나 환경의 영향을 받기 이전에 이미 인간에게 잠재되어 있는 선천적 심리 경향이라고 할 수 있다. 그러나 갈등관리는 개인의 특성이라기보다 행동으로 정의하는 것이 적절할 것이다.

또한 갈등관리 행동을 조직효과성에 정(+)적인 영향을 주는 행동으로 볼 때 방법론적 중립성과 구분할 필요도 있다. 베버(Weber, 1904)는 사회과학 방법론상의 개념은 과학과 가치판단을 명확히 구별하는 '몰가치성'을 지닌다고 주장하며, 가치중립이란 경험과학이 객관성을 지니기 위해 가치판단으로부터 분리되어야 하며 경험과학에서 이론의 실천적 의도 및 가치판단의 개입을 엄격히 거부하는 입장을 보였다. 그러나 갈등의 역기능적 효과와 갈등관리의 효과성의 측면에서 일반적 심리학적 유형론은 갈등관리의 개념을 적절히 반영하지 않을 수 있다.

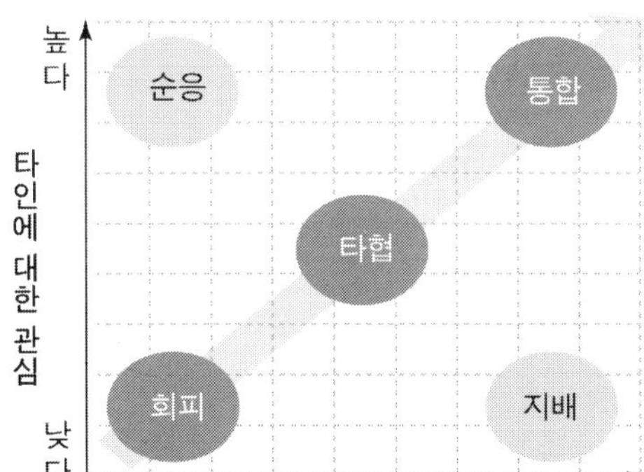

[그림 6-2] 라힘과 보나마의 다섯 가지 갈등관리 유형

갈등관리 유형론의 가치중립성에 대한 문제점 제기는 개인들이 효과적인 갈등관리 유형이 실제로 존재한다고 인식하는 것에서 출발한다. 위 그림은 기존 연구에서 대표적으로 적용하는 라힘과 보나마(Rahim & Bonama, 1979)의 다섯 가지 갈등관리 유형으로서 이

유형에 따라 조직에 미치는 영향이 달라질 수 있다는 것이다. 여기에는 타인에 대한 관심이 낮은 집단과 타인에 대한 관심이 높은 집단, 자기에 대한 관심이 높은 집단과 자신에 대한 관심이 낮은 집단, 그리고 각 차원에서 중립적인 위치에 있는 집단이라는 총 다섯 개의 집단을 나타내고 있으며, 이러한 2차원적 갈등관리 유형에서 위치상의 선호도를 다르게 인식한다.

특히 순응(adapting), 통합(intergrating), 타협(compromising), 회피(avoiding), 지배(governing)라는 다섯 가지 갈등관리 유형 중 타인에 대한 관심과 자신에 대한 관심이 모두 낮은 회피(avoiding)를 가장 비효과적인 갈등관리 유형으로 인식하는 반면에, 타인에 대한 관심과 자신에 대한 관심이 모두 높은 통합(integrating)을 가장 효과적인 갈등관리 유형으로 인식하며, 그 중간에 위치하는 타협(compromising)의 효과성을 보통으로 인식하는 것이다. 이는 다섯 가지 갈등관리 유형 중 일부에 대해 위 그림에서와 같이 우상향의 1차원적 연속선상의 측정이 가능하다는 것을 의미한다.

이러한 1차원적 개념의 증거는 갈등관리 유형을 발전시켜온 여러 연구자들의 갈등관리 유형에 대한 선호도에서도 나타난다. 블레이크와 무톤(Blake & Mouton, 1964)은 가장 건전한 방법으로 개방적인 대면(즉, 통합) 유형을 지목하며, 토머스(Thomas, 1976)도 협동(즉, 통합)이 가장 지배적인 갈등관리 유형이라고 했다. 갈등관리 유형과 조직유효성의 관계에 대한 연구에서 57명을 대상으로 대인갈등이 해결되는 방법에 대해 좋거나 나쁘게 느낄 때의 생각을 자세히 기술하도록 요구하여 그들의 응답을 블레이크와 무톤의 갈등관리 유형으로 분류했는데, 효과적이라고 응답한 해결방법은 대면

(즉, 통합), 강제(즉, 지배), 타협 순서로 나타났다.

비효과적으로 지각한 해결방법은 강제와 회피이다. 여기서 대면이 갈등해결에 가장 효과적이라는 유의한 결과를 얻었다. 또 다른 연구에서도 블레이크와 무톤의 갈등관리 유형을 사용하여 갈등의 건설적인 사용에 대한 지각의 상관분석을 했는데, 관리자의 타협 및 대면 사용이 건설적인 갈등 사용과 정(+)의 유의한 상관관계가 있었으며, 강제 및 회피는 부(−)의 유의한 상관관계가 있는 것으로 나타났다.

갈등을 관리한다고 함은 갈등의 원인과 성격·정도 등을 분석하고 갈등을 해소·억제 또는 조장하는 것으로서 단순히 갈등을 해소시키는 것만을 뜻하지 않는다. 갈등이라고 모두가 조직에 해만을 끼치는 것이 아니라, 그중에는 오히려 조직의 발전에 도움이 되는 경우도 있다. 갈등으로 인해 조직구성원들 간에 선의(善意)의 경쟁을 하게 되면, 그 조직은 침체 상태에서 벗어나 활성화를 기할 수 있는 것이 그 예이다.

따라서 갈등관리(葛藤管理)란 조직 내 또는 조직 간의 갈등이 일어나는 원인과 갈등의 성격·정도 등을 분석하고, 조직에 해로운 갈등에 대해서는 이를 해소하거나 완화시키는 조치를 취하는 것은 물론, 그 정도가 경미하여 조직발전에 오히려 도움이 되는 갈등에 대해서는 이를 조장하는 것까지 포함하는 활동을 말한다. 갈등관리의 요체를 이루는 것은 갈등을 일으키는 원인규명과 그 원인에 따라 갈등을 해소 또는 조장하는 일이다.

(5) 갈등해소의 방법

갈등은 그 원인이 각각 다르기 때문에 갈등을 해소시키는 방법도 이에 따라 여러 가지가 있을 수 있다. 그리고 갈등을 해소시키는 주체(主體)에 따라서도 갈등 당사자 간의 해결과 관리자에 의한 해결로 나누어 볼 수 있다.

갈등을 빚는 당사자 간에 해결하는 방법은 이를 연구한 학자에 따라 조금씩 다르다. 폴렛(Mary P. Follett)은 지배력(domination)·타협(compromise)·통합(integration)의 세 가지를 지적하고 있다.

한편, 마치(J. G. March)와 사이먼(H. A. Simon)은 갈등의 일반적인 해결방법으로 문제해결·설득·협상·정략 등 네 가지를 들고 있다. 이를 간단히 설명하면 다음과 같다.

조직이 추구하는 목표가 같음에도 불구하고 그것을 달성하는 방법(하위목표 또는 대안)이 달라서 갈등이 생기는 경우에는 그 문제에 대한 정보(情報) 수집의 중요성이 강조되며, 갈등 당사자들이 서로 협력하여 공동의 노력으로 적절한 방법을 찾아내는 것이 바람직한 일이다. 이와 같이 관계된 모든 사람들에게 만족스러운 결과를 가져오는 마지막 해결책을 문제해결(problem solving)이라 한다.

설득(persuasion)은 목표달성에 서로 엇갈리는 의견에 대해서는 다툴 수 있지만 조직의 목표(상위목표)에 대해서는 이미 합의가 이루어진 것임을 전제로 하여 사용된다. 설득의 방법에 있어서는 갈등 당사자들의 목표(하위목표)를 상위목표에 일치되게 조정하는 데 중점을 두게 된다. 이때 다른 목표들과 모순되지 않는가를 알아보기 위하여 하위목표를 검토하고 서로 관련된 기준을 찾아내도록 한다.

협상(bargaining)은 목표에 관하여 의견의 일치를 보지 못할 것이 확실하여 설득으로는 합의에 도달할 수 없는 경우에 사용하는 방법이다. 서로가 자기의 의견을 고집하기보다는 공정성·타당성이라는 공통된 가치에 호소하여 협상하도록 한다.

정략(politics)은 세력이 약한 갈등 당사자가 세력이 강한 상대방과 대등 또는 우세한 세력을 확보하기 위하여 제삼의 지지자를 자기편에 끌어들여 협상을 유리하게 하려는 방법이다.

한편 조직의 관리자(管理者)에 의하여 갈등을 해소시키는 방법으로는 ① 민주적 리더십을 발휘하여 회유·설득하거나, ② 권위적인 명령에 의해 조정(調整)하거나, ③ 자원을 증대 또는 합리적으로 배분하거나, ④ 상위목표(上位目標)의 공동추구를 강조하거나, ⑤ 갈등의 원천인 구조적 요인을 개선(改善)하는 방안 등을 들 수 있다.

(6) 갈등조장의 방법

조직구성원들이 무사안일주의에 젖어 조직이 침체 상태에 있을 경우, 관리자는 의도적으로 갈등을 조성하여 조직구성원들 간에 선의(善意)의 경쟁을 하도록 함으로써 조직에 활력을 불러 넣을 수 있다. 이와 같이 관리자는 갈등의 순기능적 작용을 활용하기 위해 갈등을 조장할 필요를 가질 때에는 다음과 같은 방법이 효과적이다.

갈등을 조장하는 첫 번째 방법으로는 제도화 또는 관례화된 기존의 커뮤니케이션(의사소통)의 통로를 의도적으로 바꾸어 보는 일이다. 특정한 커뮤니케이션 통로에 평상시 담당하여 오던 사람을 교체시키거나 새로운 사람을 추가 담당케 하는 등이 한 예이다. 커뮤니케이션 통로의 변경은 정보(情報)의 재분배와 그것에 따른 권한의 재분배를 의미하기 때문에 갈등이 일어나게 된다.

두 번째 방법은 정보전달의 양을 변경해 보는 일이다. 정보전달을 억제하거나 지나치게 많은 정보를 전달하는 것이다. 정보전달을 억제하면 업무의 양과 범위가 축소되므로 그의 권한 또한 감소된다. 반대로 정보를 지나치게 많이 전달하면 조직구성원들 간에 업무수행 상 경쟁을 하게 되어 자연히 갈등이 생겨난다. 이러한 갈등은 오히려 조직구성원들의 정체된 행태를 활성화시키고 창의성과 자율성을 일깨워 줄 수 있다.

세 번째 방법은 조직 단위의 수를 증가해 보는 일이다. 조직 내의 계층 수나 기능적 조직단위의 수를 늘려 서로 견제시킴으로써 갈등을 조장할 수 있다. 이 경우에 조직단위 간의 의존도를 높이면 갈등이 발생할 가능성이 더욱 커진다.

네 번째 방법은 지도과정을 교체해보는 방법이다. 지도과정의 유형을 적절히 교체함으로써 갈등을 야기시키고 지도대상 집단을 활성화시킬 수 있다.

조직에서의 갈등은 행동 주체 간의 대립적인 마찰을 의미하는 것으로 조직이 목표와 가치, 인지구조 등이 다른 다수의 행위자들의 협동이라 할 때 필연적 현상이다. 갈등관리는 이러한 조직갈등의 역기능을 방지하고 순기능적 갈등의 조장을 위한 전략적 노력을 의미한다. 갈등방지를 위해 갈등관리자는 조직 구성원들에게 현실적이고 구체적인 목표를 제시하고, 의사결정에 대한 명확한 지침을 제공해야 한다.

3) 집단 간 갈등관리

오늘날과 같이 경쟁이 심화된 사회에서는 집단과 집단 간의 사회갈등이 심해지고 있어 이를 설명하기 위한 다양한 이론들이 제시되고 있으며, 이를 해결하는 것이 국가·사회적으로 중요한 과제이다.

먼저 현실적 갈등 이론(realistic conflict theory)을 보면 돈, 명예, 권력, 사회적 지위와 같이 제한된 사회적 자원을 더 많이 획득 또는 소유하려는 시도나 경쟁 때문에 갈등을 야기한다고 설명한다. 다음으로 상대적 박탈 이론(relative deprivation theory)은 사람들 각자가 소유하고 있는 것을 타인과 비교하면서 만족 또는 불만족을 느끼게 되고, 이로 인해 자신이 받아야 마땅한 정도와 실제 가진 것 간의 괴리로 집단 간의 갈등이 유발된다고 설명한다.

(1) 집단갈등을 심화시키는 원인들

집단 간 갈등은 갈등이 지속됨에 따라 첨예하게 대립하는 양상을 띤다. 그렇다면 집단 갈등을 심화시키는 원인은 무엇일까? 갈등을 심화시키는 원인 가운데 하나로 내집단 편향(in-group bias)을 들 수 있다. 내집단−외집단 편향(in-group out-group bias)으로도 불리는 이러한 현상은 자신이 속한 또는 자신과 가까운 집단을 내집단으로 규정하는 반면에 자신이 속하지 않은 그 밖의 집단은 외집단으로 규정한 후, 자신이 속한 내집단(또는 내집단 구성원)에게 더 호의적인 태도와 행동을 보이는 편향적인 태도를 말한다.

타지펠(Tajfel, 1979)은 내집단 편향과 관련하여 사회 정체성 이론(social identity theory)을 제안하면서 사람들이 집단(가족, 자신이 속한 동아리 등)에 대한 소속감을 바탕으로 사회적으로 '나는 누구인가?'와 같은 정체성을 확립한다고 설명했다. 그리고 이러한 사회적 정체성을 향상시키기 위해 자신이 속하지 않은 외집단의 부정적인 측면에 초점을 맞추고 나아가 외집단을 비판 및 폄하하는 과정에서 자신의 정체성을 고양시킨다고 말했다.

도이스(Doise, 1972)와 그의 동료들은 실험을 통해 내집단 편향을 보여 주었다. 연구자들은 실험에 참여한 학생들의 사진을 바탕으로 무작위로 'X형'과 'Y형' 집단으로 나누고 실험 참여자에게 그들을 평가하도록 했다. 그 결과, 자신의 집단구성원에 더 호의적으로 평가하는 내집단 편향이 나타났음을 확인할 수 있었다. 이 실험 전에 라비와 호비츠(Rabbie & Horwitz, 1969)는 실험 참가자들을 임의로 나눈 후, '파랑 팀'과 '녹색 팀'이라는 이름을 붙였다. 실험이 진행되는 과정에서 두 팀이 경쟁하는 과제는 전혀 없었지만 자신의 집단에 더 호의적인 태도를 나타내는 내집단 편향이 나타났다. 이러한 실험 결과들은 경쟁 상황이 실재하느냐와 상관없이 집단을 나눈 것만으로도 내집단에 대한 편향적인 태도가 나타날 수 있음을 보여 준다.

갈등의 심화와 관련된 또 다른 현상으로 집단극화(group polarization)가 있다. 집단극화는 이전의 개인적 태도가 집단 토의 과정을 거치면서 더 극단적으로 변하는 현상을 말한다. 모스코비치와 자발로니(Moscovici & Zavalloni, 1969)는 실험에 참여한 프랑스 사람들을 대상으로 프랑스의 유명한 장군이자 정치가인 드골(De Gaulle) 또는 미국인에 대한 태도를 측정했다. 그리고 4명으로 구성된 집단이 토의하는 과정을 거친 후에 다시 드골 또는 미국인에 대한 태도를 측정한 결과, 집단토의 과정 전보다 집단토의가 끝난 후에 태도가 더 극단적으로 변화했음을 발견했다. 즉, 긍정적인 태도는 더 긍정적으로, 부정적인 태도는 더 부정적으로 변했으며, 이는 드골 장군에 대한 태도건, 미국인에 대한 태도건 주제와 상관없이 동일했다. 집단토의 과정을 통해 의견과 정보를 주고받는 동안 사람들은 자신의 의견을 강화하거나 또는 자신의 의견에 대한 책임감을 집단구성원들과 나누어 가짐으로써 더 극단적이고 모험적인 선택을 하게 된 것이다.

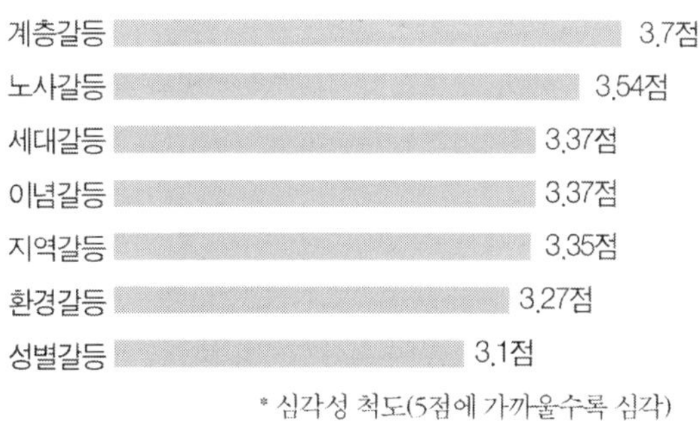

‖그림 6-3‖ **유형별 갈등 심각성**

자료: 한국행정연구원

(2) 갈등해결의 실마리

집단 간의 갈등은 아주 사소한 것에서도 발생하며, 갈등이 시작되면 자신의 집단을 기준으로 다른 집단에 대해 부정적인 태도를 드러내고, 공격적인 행동을 취하는 것으로 이어진다. 프로야구 시즌이 진행 중인 야구장 풍경을 생각하면 쉽게 이해할 수 있을 것이다. 특정 선수단의 유니폼을 입고 특정 선수단을 응원하는 좌석에 앉는 순간부터 경쟁 선수단에 대한 야유가 시작되는 것이다. 그러나 집단을 구분하는 경계선은 매우 임의적인 것이고, 두 집단은 근본적으로 다른 사람들이 아니라 동일한 사람들이다. SK를 응원하는 사람이나 LG를 응원하는 사람은 결국 다 같은 사람이며, 다문화 가정의 아이나 한문화 가정의 아이도 다 같은 아이들이다. 집단을 구분하는 것은 임의적인 '이름표 붙이기'와 같으며 사람들은 본질적으로 다르지 않음을 환기하는 것이 갈등을 해결하기 위한 출발점이 될 것이다.

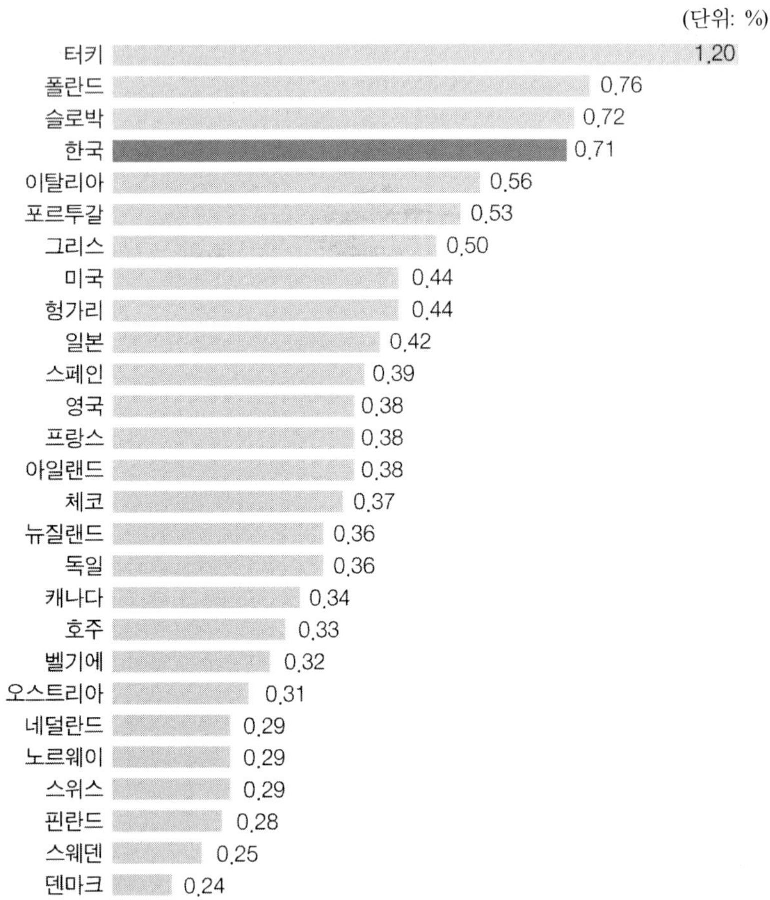

| 그림 6-4 | OECD회원국 사회갈등지수

갈등을 해결하기 위한 또 다른 실마리는 우리가 흔히 쓰는 사자성어에서 찾아볼 수 있다. '역지사지(易地思之)'는 상대편의 입장에서 다시 한 번 생각해 본다는 뜻이다. 자신이 아닌 다른 사람, 자신이 속한 집단이 아닌 다른 집단의 입장에서 생각해 보는 것은 외집단에 대한 편견을 줄이는 데 큰 도움이 된다. 집단 간 갈등은 결국 경쟁적인 두 집단에 부정적인 영향과 손실만을 야기한다. 미래를 위해 협력이 최선의 선택임을 생각하고, 서로의 입장을 공감하고 이해한다면 집단 갈등을 최소화하는 데 긍정적인 효과를 발휘할 수 있을 것이다.

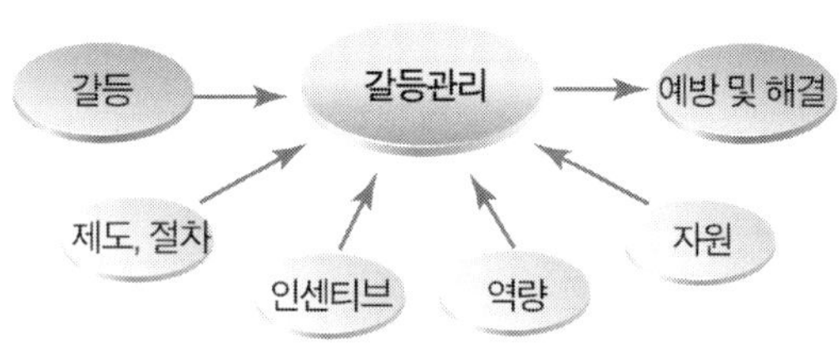

07 Chapter

스트레스 관리

학습목표

1. 스트레스의 의미를 이해한다.
2. 스트레스의 발생요인에 대해 살펴본다.
3. 스트레스로 인한 결과 및 증상을 살펴본다.
4. 스트레스의 대처방식과 관리방법을 살펴본다.

01 스트레스의 의미와 특성

1) 스트레스란?

나날이 복잡해지는 사회구조와 과도한 업무 및 학업, 대인관계에서 오는 어려움 등으로 인하여 현대인들은 누구나 스트레스(stress)를 경험하며 살아가고 있다. 우리나라 사람들이 자주 사용하는 외래어 중 1위가 스트레스라고 한다. 스트레스를 제대로 관리하기 위해서는 먼저 스트레스라는 것이 무엇인지 알 필요가 있다. 스트레스라는 말은 원래 19세기 물리학·공학분야에서 학문적으로 사용되었는데, '팽팽히 조인다'라는 뜻의 'stringer'라는 라틴어에서 기원되었다고 한다.

의학분야에서는 미국의 생리학자인 케논(Walter Canon)이 스트레스를 받았을 때 생존 수단으로서의 투쟁－도피반응(fight-flight response)과 생리적 균형(homeostasis)이라는 이론을 발표하면서 처음 소개되었다. 이를 의학에 직접 적용시킨 사람은 캐나다 내분비 학자인 셀리에(Selye, 1907～1982)로, 그가 발표한 일반적응증후군(general adaptation syndrome) 이론에서 '정신적·육체적 균형과 안정을 깨뜨리려고 하는 자극에 대하여 자신이 있던 안정 상태를 유지하기 위해 변화에 저항하는 반응'으로 정의하였다. 그는 어떠한 종류의 스트레스 요인이라도 그에 따른 신체 반응은 매우 유사하다는 점과, 이런 스트레스 요인이 오랫동안 지속되면 질병으로 발전할 수 있다는 점을 보고하였다. 그리고 스트레스를 '① 경보반응(alarm) → ② 대응－저항반응(resistance) → ③ 탈진반응(exhaustion)'의 3단계로 나누어, 스트레스 요인이 오랫동안 지속되어 마지막 단계인 탈진반응에 빠지게 되면 균형유지성이 깨져 신체적·정신적 질병으로 발전할 수 있다고 주장하였다.

스트레스의 의미에 대해 일반인들은 '스트레스 요인'과 '스트레스 반응'이라는 두 가지 용어를 혼용해서 사용하고 있다. 예를 들면 "시험이 스트레스를 준다", "상사 때문에 스트레스를 받는다"와 같은 경우 '스트레스 요인'을, "요즘 스트레스 연속이야", "스트레스 때문에 힘들어"와 같은 경우 '스트레스 반응'을 지칭한다. 따라서 개념적 측면에서 볼 때 스트레스 요인(원인)과 스트레스 반응(증상)으로 구분해 접근할 필요가 있다.

2) 스트레스의 두 얼굴

스트레스를 의학 분야에 처음 소개한 케논은 스트레스를 긍정적 스트레스(eustress)와 부정적 스트레스(distress)로 구분하였다. 스트레스는 인간의 모든 삶의 영역에 존재하기에 누구도 스트레스를 피할 수 없다. 스트레스는 인간이 적응해야 할 어떤 변화를 의미하기도 한다. 우리가 스트레스 상황에 처하면 스트레스에 대한 신체 반응으로 자율신경계의 교감부가 활성화되고, 응급상황에 반응하도록 신체의 자원들이 동원된다. 스트레스를 유발하는 요인은 매우 다양하나 적응의 관점에서 볼 때 스트레스를 어떻게 평가하고 대처하느냐가 중요하다고 볼 수 있다.

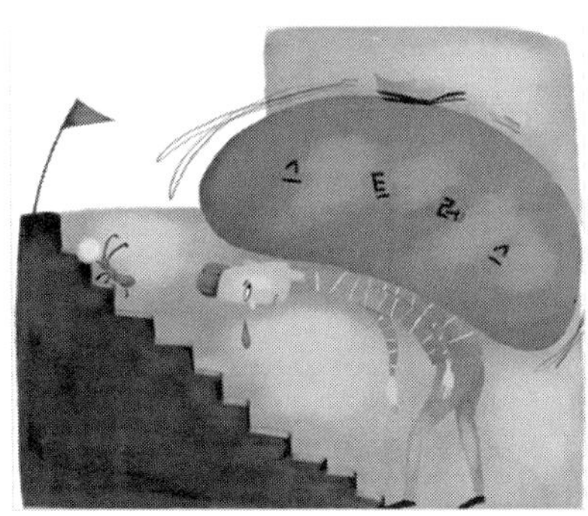

미국의 심리학자 라자루스(Lazarus)의 경우, 사람에 따라 '긍정적 스트레스'로 작용하느냐, '부정적 스트레스'로 작용하느냐는 스트레스 요인에 대한 인지적 평가에 따라 달라질 수 있다는 점을 주장하고 있다. 당장에는 부담스럽더라도 적절히 대응하여 자신의 향후 삶이 더 나아질 수 있는 스트레스는 긍정적 스트레스이고, 자신의 대처나 적응에도 불구하고 지속되는 스트레스는 불안이나 우울 등의 증상을 일으킬 수 있는 경우로 이는 부정적 스트레스라고 할 수 있다.

적절한 스트레스는 우리의 생활에 활력을 주고 생산성과 창의력을 높일 수 있다. 즉, 스트레스에는 긍정적 혹은 부정적 생활사건 모두가 포함될 수 있으나, 주로 부정적 생활사건과 관련된 스트레스만을 가리킬 때를 일반적으로 스트레스 상황으로 인식하고 있다. 스트레스 요인이 발생하면 먼저 그것이 얼마나 위협적인가 또는 도전해 볼 만하냐 하는 1차 평가가 일어나게 된다. 만약 위협적이라고 평가한 경우라면, 위협에 따른 부정적인 감정을 처리하기 위한 다양한 대처를 고려하는 다음 단계(2차평가)를 거치게 된다. 따라서 스트레스 상황을 부정적으로 받아들이면 결국 질병으로 가게 되지만, 긍정적으로 받아들이면 생산적이고 행복해질 수 있다. 긍정적 스트레스의 경우 생활의 윤활유로 작용하여 자신감을 심어주고 일의 생산성과 창의력을 높여 줄 수 있다는 점에서 긍정적 효과도 나타난다. 결국 앞서 설명한 좋은 스트레스로 받아들이는 것이 건강, 행복, 성공의 열쇠가 될 수 있다.

스트레스의 질병 모델로는 긍정심리학의 대부로 알려진 셀리그먼(Seligman)의 '학습된 무력감(learned helplessness)' 이론이 유명하다. 그는 스트레스 상황을 부정적으로 받아들이면 결국 질병으로 가게 되지만, 긍정적으로 받아들이면 행복해질 수 있다는 점을 강조하고 있다.

3) 스트레스의 분류

(1) 자극으로서의 스트레스

스트레스는 예측할 수 없는 강력한 자극이다. 스트레스 자극은 지속적인 피로와 권태감을 불러일으키기도 하고, 내·외적인 위협 요소를 내포하고 있다. 자극으로서의 스트레스는 외적 요인이나 외적인 힘을 말한다. 이런 개념은 건축가들도 사용하는데, 어떤 건물이 지진과 같은 외부 압력에 견뎌내는 힘을 계산할 때 '스트레스'란 개념을 사용한다. 이때 스트레스에 대한 반응을 '긴장(strain)'이라고 하며, 만약 건물에 과다한 스트레스를 주면 이 건물은 돌이

킬 수 없는 손상이 생긴다. 스트레스를 일으키는 외적 자극을 '스트레스 인자(stressor, 스트레스 근원 또는 요인)'라고 하는데, 성공적으로 스트레스를 관리하려면 생활 속에 나타나는 스트레스 인자를 찾아야 한다.

(2) 반응으로서의 스트레스

어떤 사람이 스트레스에 대해 말할 때 "나는 스트레스가 많은 직업을 가지고 있어"라고 하면 스트레스 자극을 말하는 것이고, "나는 스트레스를 받으면 열이 나고 주먹을 꽉 쥐게 돼"라고 하면 스트레스 반응을 표현한 것이다. 반응으로서의 스트레스는 환경 자극이나 요구에 대해 사람들이 보이는 반응에 초점을 두는 것이다.

4) 스트레스의 유형

(1) 수평적 스트레스

수평적인 관계란 자신과 대등한 위치에 있는 사람과의 관계를 말하며, 이러한 관계로 인해 생긴 스트레스를 수평적 스트레스라 한다.

특히 친구나 부부 사이가 원만하지 않아 생긴 스트레스 등이 그것이다. 대표적인 수평적 스트레스로는 중년의 주부가 자기 정체성 상실을 느끼는 빈둥지증후군(empty nest syndrome), 부인 또는 남편이 상대방의 정조(貞操)를 의심하는 부정망상(不貞妄想), 엘리트를 지향하는 직업여성에게 나타나는 슈퍼우먼증후군 등을 들 수 있다. 그밖에 학교나 직장에서 동료들과 어울리지 못하거나, 이른바 왕따(따돌림)를 당해 받는 스트레스도 수평적 스트레스에 속한다.

(2) 수직적 스트레스

수직적인 관계란, 업무상 또는 조직상 상하의 위계가 정해져 있어서 이런 수직적인 틀 속에서 이루어지는 모든 관계를 말하며, 이러한 관계로 인해 생긴 스트레스를 수직적 스트레스라 한다. 이는 현대인이 가장 많이 경험하는 스트레스이다. 고도로 분화된 현대 산업사회의 치열한 경쟁 속에서 받는 수직적 스트레스로는 대규모 구조조정 후 기업에 남은 조직구성원들이 정신적 황무지 현상을 겪는 ADD증후군(After Downsizing Desertification syndrome), 아침에 일어나도 몸이 무겁고 피곤해 아무것도 하기 싫은 조간증후군, 기업의 중간 관리층이나 일에만 열중하는 사람들에게 발생하기 쉬운 탈진증후군, 자신의 개인적 생활을 희생함으로써 마음에 병이 생기는 과잉적응증후군, 조직사회의 중간 관리층이 겪는 샌드위치증후군 등이 있다.

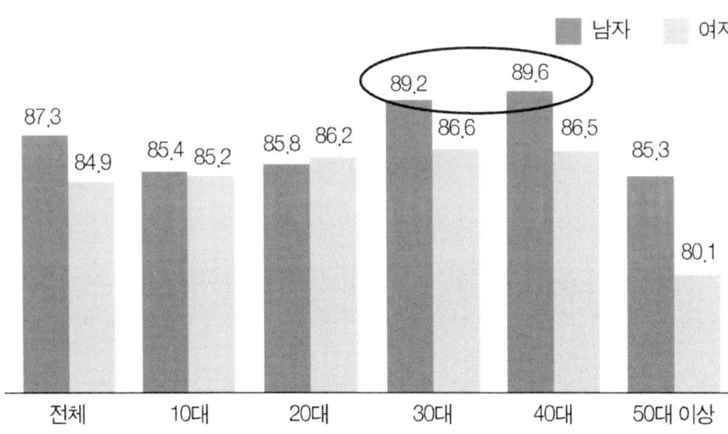

※ Base: N=6,000, 단위: %

※ Top 3: 스트레스를 약간 느낌+느낌+매우 느낌으로 응답한 사람의 비율

▌그림 7-1▐ 성/연령별 스트레스 체감 수준(Top 3)

5) 스트레스의 반응

스트레스를 느낄 때 인간의 몸은 어떻게 반응할까? 많은 관중 앞에서 중요한 프레젠테이션을 앞두고 있는 사람을 생각해 보자. 발표를 하려고 강단에 나와 사람들 얼굴을 쳐다보는 순간 발표자는 매우 큰 스트레스를 경험할 것이다. 심장은 쿵쾅쿵쾅 뛰고 입속은 바싹 마르고, 손에서는 땀이 나며 뱃속이 불편하고, 근육이 긴장되고 숨이 가빠지는 것을 느낄 것이다. 많은 사람 앞에서 프레젠테이션을 하는 것 자체가 신체적인 해를 입히는 일은 아니지만, 심리적으로 위협이 된다고 생각하기에 인간의 몸은 자동적으로 긴장한다. 사람이 스트레스를 지각하면 생리학적 반응이 일어난다.

스트레스 지각은 자율신경계의 교감부를 활성화하고, 교감신경계는 공격, 방어 혹은 도피에 필요한 에너지를 동원한다. 이런 반응들은 스트레스 상황에서 어떻게 반응할지 신체적으로 준비를 시킨다. 즉, 스트레스에 대한 반응으로 이 스트레스에 맞서 싸울 것인가 도망갈 것인가를 준비시키는데 케논(Canon, 1932)은 이러한 반응을 '투쟁－도피 반응(fight-flight response)'이라고 하였다.

02 스트레스의 발생요인 및 대응방식

1) 스트레스의 발생요인

매일 살아가면서 경험하는 사소한 일부터 큰 충격을 안겨 주는 삶의 주요한 사건까지 인간의 스트레스 요인은 매우 다양하다. 스트레스에 적절히 대처하려면 먼저 스트레스를 일으키는 환경자극이나 사건을 올바로 이해해야 하기에 스트레스를 유발하는 다양한 스트레스원(stressor)을 아는 것이 필요하다. 스트레스 유발요인들은 다음과 같이 살펴볼 수 있다.

(1) 주요 생활사건

자식이나 배우자의 사망, 이혼, 실직과 같은 인간의 삶에 큰 영향을 미치는 주요한 생활사건을 경험한 사람들은 강한 스트레스를 받게 되며, 이로 인해 신체 질병을 갖게 될 확률이 높은 것으로 나타난다. 홈스와 레어(Holmes & Rahe)는 사회 재적응 평정척도(social readjustment rating scale)를 개발하여 주요 생활사건이 유발하는 스트레스의 양을 측정하고자 했다. 이 척도는 각각의 주요 생활사건이 개인의 생활에 미치는 영향을 고려하여 스트레스 양으로 나타낸다. 가령, 배우자의 사망은 스트레스 점수가 가장 높은 119점으로 주요 생활사건 중 가장 큰 스트레스를 유발한다. 사회 재적응 평정척도를 보면서 지난 1년간 경험한 사건들을 체크하고, 그 사건들에 해당하는 스트레스 점수를 더하면 1년 동안 경험한 삶의 변화와 그에 따른 스트레스 정도를 알 수 있다.

(2) 일상의 골칫거리

사람들은 교통체증, 지각, 소지품 분실, 친구나 가족과의 다툼과 같은 일상의 사소한 일에서도 스트레스를 경험한다. 이러한 일상의 사소한 골칫거리들은 사람들이 살아가면서 매일 부딪히는 것들로 짜증스럽게 느껴지는 일들이다. 개인이 느끼는 스트레스를 측정하기 위한 심리 척도들은 직업, 시간 압박, 건강, 친구, 대인관계, 금전문제와 같은 영역에서 개인이 직면하는 골치 아픈 일들을 측정한다. 일상의 작은 골칫거리가 많을수록 부정적인 기분에 빠져들고 스트레스를 강하게 느끼며, 그에 따라 신체적 질병에 걸릴 확률이 높아진다. 반면, 일상에서 경험하는 작은 일들에서 기쁨과 즐거움, 만족스러움을 느끼는 경우도 있다. 매일 일상에서 경험하는 기분을 상승시키는 기쁜 일(daily uplifts)은 분노나 우울과 같은 부정적인 기분 상태에서 벗어나게 해주며, 삶을 더 생산적으로 살아가게 하는 힘을 준다.

(3) 좌절

좌절은 어떤 일이 자신의 뜻이나 기대대로 전개되지 않을 때 느끼는 감정으로 스트레스를 유발하는 주요 요인이다. 사람들은 누구나 일상생활에서 매일 크고 작은 좌절을 경험한다. 사람들이 좌절을 느낄 때 경험하는 것은 대개 분노, 불안, 공포와 같은 부정적인 정서이다. 좌절을 지속적으로 경험하면 결국 심리적 탈진에 빠진다.

(4) 심리적 탈진psychological burnout

심리적 탈진은 간호사, 교사, 종교인, 사회복지사, 상담가, 변호사, 경찰관, 기업체 간부 등과 같이 강도 높은 대인관계 서비스업에 종사하는 사람에게서 많이 나타난다. 남에게 도움을 주면서도 정작 자신을 돌보지 않으면 심리적 탈진에 빠지기 쉽다.

(5) 대인관계 폭력

타인에게 신체적 혹은 정신적으로 폭력을 당하면 매우 강한 강도의 스트레스를 경험하게 된다. 외상 후 스트레스 장애(Post-Traumatic Stress Disorder, PTSD)는 심각한 위협이나 상처를 실제로 경험하거나 그러한 일이 타인에게 일어나는 것을 목격한 사람에게 나타나는 장애이다. 이처럼 큰 충격적 사건을 경험한 사람은 그 사건을 잊지 못하고 반복적으로 기억하며 악몽에 시달리고 두려움과 불안에 사로잡힌다.

〈표 7-1〉 **우리나라 사람들의 스트레스 요인**

1. 자녀의 죽음(74)	16. 사업의 일대 재정비(43)
2. 배우자 사망(73)	17. 직업전환(43)
3. 부모 사망(66)	18. 정년퇴직(41)
4. 이혼(63)	19. 해외 취업(39)
5. 형제·자매의 사망(60)	20. 유산(38)
6. 혼외정사(59)	21. 임신(37)
7. 별거 후의 재결합(54)	22. 입학시험, 취직 실패(37)
8. 부모의 이혼, 재혼(53)	23. 자식의 분가(36)
9. 별거(51)	24. 새 가족의 등장(36)
10. 해고(50)	25. 가족 중 한 명의 병(35)
11. 친한 친구의 사망(50)	26. 성취(35)
12. 결혼(50)	27. 주택, 사업, 부동산 매입(35)
13. 징역(49)	28. 정치적 신념의 변화(35)
14. 결혼 약속(44)	29. 시댁, 처가, 친척과의 알력(34)
15. 중병, 중상(44)	30. 학업의 시작, 중단(34)

※ 괄호 안의 숫자는 점수를 나타냄.

2) 스트레스가 건강에 미치는 결과

(1) 정신질환에 미치는 영향

스트레스를 받으면 초기에는 그로 인한 불안 증상(초조, 걱정, 근심 등)이 발생하고 점차 우울 증상이 나타나게 된다. 대부분의 경우 불안이나 우울 증상은 일시적이고 스트레스가 지나가면 사라지게 된다. 그러나 스트레스 요인이 너무 과도하거나 오래 지속되는 경우, 개인이 스트레스 상황을 이겨낼 힘이 약화되어 있는 경우에는 각종 정신질환으로 발전할 수 있다. 스트레스로 인해 흔히 생길 수 있는 정신질환은 적응장애, 불안장애, 기분장애, 식이장애, 성기능장애, 수면장애, 신체형장애, 알코올 및 물질사용장애 등이 있다. 우리나라 주부들에게 흔한 화병(火病, hwabyeong)도 스트레스와 매우 밀접한 정신질환으로 볼 수 있다.

(2) 신체질환에 미치는 영향

신체질환의 경우도 스트레스와 밀접한 연관이 있다. 내과 입원

환자의 70% 정도가 스트레스와 연관되어 있다는 연구를 볼 때, 스트레스가 신체질환의 발생 원인이나 악화 요인으로 작용한다는 사실은 이미 잘 알려져 있다. 이런 경우 정신과적으로 정신신체장애라는 진단을 붙이게 된다. 정신·심리적인 요인에 의해 신체적인 질병이 발생하거나 악화될 경우에 붙이는 병명으로, 정신·심리적 요인에 의해 치료 결과도 큰 차이를 보인다. 특히 스트레스에 취약한 우리 몸의 기관인 근골격계(긴장성 두통 등), 위장관계(소화불량, 과민성 대장증후군 등), 심혈관계(고혈압) 등이 영향을 더 많이 받는 것으로 알려져 있다.

(3) 면역기능에 미치는 영향

장기간 스트레스를 받으면 면역 기능이 떨어져 질병에 걸리기 쉬운 상태가 된다. 다양한 정신·신체장애의 발병과 악화는 물론이고, 암과 같은 심각한 질환도 영향을 많이 주는 것으로 알려지고 있다.

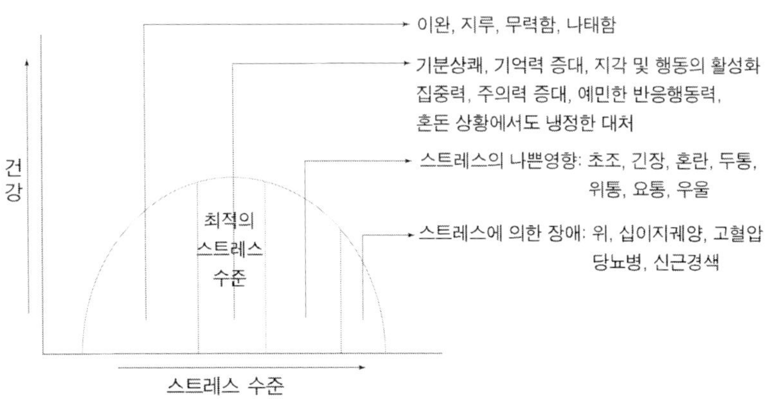

❙그림 7-2❙ 스트레스 수준에 따른 건강상태

출처: 이종목, 이계윤, 김광운(2003).

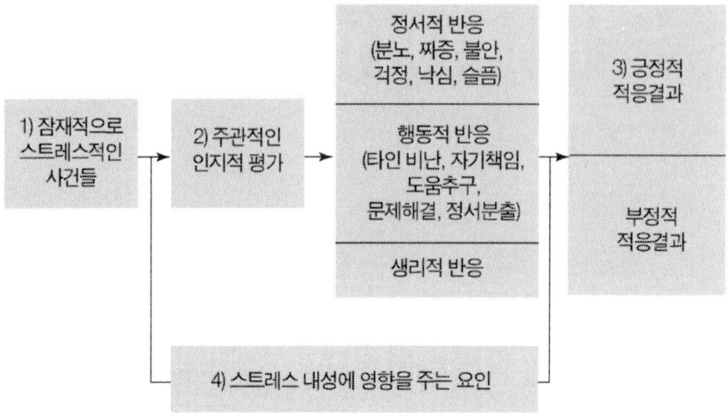

▌그림 7-3▐ **스트레스 모델**

3) 스트레스에 대한 대응 방식

적절한 스트레스의 경우 생활의 윤활유로 작용하여 자신감을 심어 주고 일의 생산성과 창의력을 높여줄 수 있다는 점에서 긍정적 효과로 나타난다. 스트레스 상황을 부정적으로 받아들이면 결국 질병으로 가게 되지만, 긍정적인 측면에서 좋은 스트레스로 받아들이게 된다면 오히려 건강, 행복, 성공의 열쇠가 될 수 있다는 것이다. 스트레스에 대한 대처 유형은 개인의 성격특성이나 스트레스 사건의 특성에 따라 결정된다. 즉, 외향적인 성격을 가진 사람은 능동적인 대처를, 내향적인 성격을 가진 사람은 소극적인 대처 방식을 선택하는 경향이 있고, 개인이 스트레스 사건을 통제 가능한 것으로 평가하느냐, 그렇지 않느냐에 따라 각기 다른 대처 방식을 선택하게 된다.

(1) 소극적 대처

소극적 대처란 자신의 자아개념과 자존심 보호를 위해 이른바 자아방어기제(ego defense mechanism)를 사용하는 것으로서, 이는 일시적으로 스트레스 해소에 도움이 될 수 있지만 궁극적으로는 도움이 되지 않는 경우가 많다.

여기서 자아방어기제란 1894년 프로이트(Freud)가 처음 제창한 것으로, 이성적이고 자의적인 방법으로 자아(ego)가 겪는 갈등을 통제할 수 없을 때 심리적 상처를 막고자 무의식적으로 스스로를 속이고 회피하는 사고 및 행위를 가리키는 말이다. 일상생활에서 주로 사용되는 자아방어기제는 다음과 같다.

① **투사**(projection): 스트레스와 불안을 일으키는 자신의 감정이나 사고를 타인에게 있는 것처럼 전가시킴으로써 자신을 방어하는 방법이다.

② **부정**(denial): 고통스러운 환경이나 위협적 정보를 거부함으로써 자신의 불안으로부터 도피하려는 방법이다.

③ **억압**(repression): 스트레스나 불안을 일으키는 생각이나 충동을 의식화시키지 않으려는 무의식적인 노력이다.

④ **합리화**(rationalization): 불합리한 태도, 생각, 행동을 합리적인 것처럼 정당화시킴으로써 자기만족을 얻으려는 방법이다.

⑤ **주지화**(intellectualization): 위협적인 감정을 피하려고 위협조건에 관해 지적 분석을 함으로써 스트레스를 부정하는 방법 또는 정서나 충동을 느끼는 대신 사고함으로써 통제하려는 것이다.

⑥ **승화**(sublimation): 사회적으로 받아들이는 형태로 충동을 변화시키는 것이다.

⑦ **반동형성**(reaction formation): 자기가 느끼고 바라는 것과 정반

대로 감정을 표현하고 행동하는 방법이다.

⑧ **환치**(displacement): 갈등을 풀기 위해 한 대상에서 다른 대상으로 이동하는 것으로서 충동이나 목적은 같고 대상만 바뀔 뿐이다.

⑨ **퇴행**(regression): 어려움을 피하려고 발달의 초기 단계로 돌아가는 방법이다.

⑩ **동일시**(identification): 투사와 반대로 자신의 불안이나 부족감을 피하기 위해 타인의 바람직한 점을 끌어들이는 방법이다.

(2) 적극적·문제해결형 대처

적극적 대처는 자신의 능력과 문제상황을 현실적·객관적으로 평가하여 문제상황에 직접 대응하는 방법을 의미하는 것으로서, 스트레스를 가장 효과적으로 관리하는 대처 방식으로 창의적 문제해결 방법과 합리적 대안 모색 방법이 있다.

첫째, 창의적 문제해결(creative problem solving) 방법이란 우리가 일상생활에서 부딪히는 작은 일에서부터 고도의 기술을 요하는 일에까지 다양한 문제 상황에서 사용할 수 있는 체계적인 문제해결 방법으로 ① 문제를 정확하게 파악하고 서술하기, ② 대안이나 해결방안 제시하기, ③ 결과 예언하기, ④ 해결방안 선택하기, ⑤ 재평가하기와 같은 단계적 대처가 필요하다.

둘째, 합리적 대안모색 방법은 스트레스가 대부분 개인적이고 주관적인 평가에 기인한다는 점에 착안해, 이를 해결하기 위해서는 보다 합리적이고 긍정적인 대안을 모색할 필요가 있음을 강조한 것이다.

스트레스를 잘 관리하거나 적절하게 이용하려면 그 실체를 정확히 알아야 한다. 그 첫 번째 단계는 현재 상황이 불편하다는 것을 인정하는 것이다. 이렇게 불편하다고 느끼기 시작한 경우는 이미 그 스트레스를 피할 수 없을 가능성이 훨씬 더 높다. 면밀히 따져 스트레스로부터 적극적으로 도망가는 것이 가능하지 않다면, 두 번째 단계인 스트레스의 수용이 필요하다. 스트레스를 수용한다는 것이 '재수 없는 일이 하필이면 나한테 일어났느냐'는 식의 운명론적 태도와는 달라 단순한 포기를 의미하는 것은 아니다.

이렇게 자신에게 가해진 스트레스를 받아들이기로 마음먹었다면, 마지막 단계인 적극적·문제해결형으로 대응하는 것이 중요하다. 문제를 해결하기 위해 자신의 능력을 확인하고 최선의 대처를 능동적으로 하는 것이 적극적 대응의 핵심이다. 이와 반대로 스트레스를 회피하거나 무기력하게 받아들이는 것은 스트레스가 불편하다는 것을 받아들인 후, 자신이 느꼈던 불편한 감정을 해결하기 위해 모든 방법을 동원하는 감정해결형의 전형이라고 할 수 있다. 감정해결형은 일시적으로는 도움이 되지만, 수렁에 빠진 사람이 허우적거리면 더 깊이 빠져드는 것과 같이 장기적으로는 문제가 더욱 꼬이고 스트레스 반응이 더욱 커질 수밖에 없다는 점을 명심해야 한다.

4) 스트레스의 관리

스트레스로 인한 심신의 질환을 예방하려면 다음과 같은 노력이 필요하다. ① 규칙적인 생활과 체계적인 시간관리로 건전한 생활리듬을 유지한다. ② 자기 분수에 맞는 취미생활, 오락, 스포츠 등으로 심신의 스트레스를 해소한다. ③ 원만한 인격으로 보다 적극적인 대인관계를 갖는다. ④ 주인의식을 갖고 즐겁게 충실하려는 노력과 습관을 갖는다. ⑤ 경우에 따라서는 정신과 의사를 찾아 상담하고 지도를 받을 필요가 있다. ⑥ 이완요법이나 바이오 피드백, 명상 등과 같은 민간요법도 시도해볼 만하다.

(1) 규칙적인 생활습관

① **건강한 식사습관**: 천천히, 편안하게, 골고루, 적당하게 먹고, 현대인에게 부족한 비타민, 무기질, 섬유소를 골고루 섭취하도록 하는 반면, 술, 카페인, 설탕, 소금, 인스턴트, 패스트푸드 등을 과량으로 섭취하지 않는 것이 좋다.

② **적당한 숙면**: 일반적으로 6~8시간 정도가 적당하다.

③ **운동**: 일반적으로는 걷기가 좋은 운동인데, 운동시간은 하루에 45~60분 정도, 일주일에 최소 세 번 이상을 하는 것이 좋으며, 운동을 전혀 하지 않았던 경우에는 단계적으로 회수나 시간을 늘려가는 것도 좋은 방법이다.

④ **충분한 휴식**: 열심히 일하고 나서는 재충전을 위해 충분한 휴식이 필요하다.

(2) 체계적인 시간관리

'가장 중요한 것이 무엇인가?'라는 질문을 통해 우선순위를 매기는 것이 시간관리의 첫 번째 단계이며, 이후 일을 시행하면서 효율성을 증대시키고 자투리 시간을 활용하기 위해서는 다음과 같은 단계적인 시간관리 방법이 필요하다.

① **가치 평가하기**: 건강, 행복, 가족, 여가, 경력, 돈 등에서 우선순위를 정한다.

② **목표 세우기**: 우선순위를 정한 가치에 부합하는 구체적이고 현실적인 목표를 설정한다.

③ **활동계획 정하기**: 목표를 이루기 위한 단계적인 작업 수행 계획을 세우고 그 계획에 따른 진행상황을 확인한다.

④ **시간 투입량 결정하기**: 작업 수행에 소요되는 시간 목록을 작성한다.

⑤ **일의 지연·지체 막기**: 작업 수행을 방해하는 요소와 자신의 가치에 부합되지 않는 활동을 찾아 수정한다.

⑥ **체계적인 시간 운용하기**: 작업 중 반드시 해야 하는 것, 하면 좋은 것, 하지 않아도 되는 것에 대한 목록을 만들고 시행한다.

(3) 이완요법

이완요법에서 이완을 잘 시키기 위한 조건은 조용하고 간섭 받지 않는 곳에서 편안한 자세를 취하고 근육을 이완하여 깊고 천천히 숨을 쉬는 복식호흡을 하거나 명상을 하는 것을 이야기한다.

① **근육이완법**: 몸의 각 부위에서 긴장－이완을 연습한다. 일반적으로 다음 순서대로 근육이완법을 연습한다. 팔(주먹 → 이두근) → 머리(이마 → 눈 → 어금니) → 어깨와 견갑골 → 기타(배 → 허벅지 → 종아리 → 발) 순으로 근육의 힘을 완전히 뺀 상태로 이완을 한다. 만약 이완이 잘 되지 않는 부위가 있으면 다섯 번까지 긴장－이완을 반복한다.

② **복식호흡**: 숨을 깊이 들여 마시고 천천히 내쉬는 복식호흡을

하면, 들여 마셨던 공기는 폐 깊숙이 들어가 충분한 산소를 공급하고 배출된다. 호흡계는 충분한 산소를 받아들여 에너지를 생산하고 노폐물을 배출시켜 우리 몸의 대사가 잘 이루어지도록 도와준다. 자신의 호흡을 살펴보고, 천천히 깊숙이 호흡하는 훈련을 하면 마음과 몸이 이완되고 안정을 찾는 데 도움이 된다.

(4) 바이오 피드백

바이오 피드백은 정신-생리적 반응을 기구를 이용하여 눈으로 확인하면서 능동적인 조절을 할 수 있도록 지속적으로 훈련하는 방법이다. 정신-생리적 반응은 근육의 긴장도, 피부 온도, 뇌파, 피부 저항도, 혈압, 심박동수 등이며 자신이 이완될 때 이들의 지표가 어떻게 변하는지 인식한다. 이러한 이완상태를 유지할 수 있도록 훈련함으로써 스스로 이완상태로 들어갈 수 있도록 하는 치료법이다.

(5) 명상

명상은 스트레스 요인(감각, 심상, 행위)에 주의를 집중하는 집중명상과 마음에서 일어나고 사라지는 모든 변화를 관찰하는 마음챙김 명상으로 구별할 수 있다. 추월명상, 선, 요가, 마인드컨트롤, 단전호흡 등이 명상의 개념에 포함된다.

08 Chapter

리더십이론

학습목표

1. 리더십의 개념에 대해 이해한다.
2. 리더십의 구성요소를 살펴본다.
3. 리더십의 이론적 토대를 살펴본다.
4. 리더십의 유형에 대해 살펴본다.

01 리더십의 개념과 구성요소

1) 리더십의 개념과 특성

리더십(leadership)이란 사전적으로 집단의 목표나 내부구조의 유지를 위하여 집단 내 어떤 구성원이 다른 구성원들로 하여금 자발적으로 집단활동에 참여하여 이를 달성하도록 유도하는 능력이나 기술을 의미한다. 우리말로 지도력(指導力) 또는 지도성(指導性)이라고 변역될 수 있으나, 원어를 그대로 쓰는 것이 일반적이다. 리더십은 집단의 목표달성을 위해 집단 내의 어떤 구성원이 다른 행동에 대해 적극적인 영향력을 미치는 과정, 즉, 지도자(leader)로서의 능력이나 지도력, 통솔력, 자질 등을 말한다. 넓은 의미에서는 집단의 특성 전반에 대한 영향을 포함하는 경우도 있다. 리더십은 공동의 일을 달성하려고 한 사람이 다른 사람들에게 지지와 도움을 얻는 사회상 영향 과정이다. 즉, 조직체를 이끌어나가는 지도자의 역량이며, 단체의 지도자로서 그 단체가 지니고 있는 힘을 맘껏 발휘하고 구성원의 화합과 단결을 이끌어낼 수 있는 지도자의 자질을 말한다.

리더십과 유사한 개념으로는 직권력·주도권·영도력(領導力) 등으로 번역되는 헤드십(headship)이 있다. 이 헤드십도 지도성의 일종이지만 임명된 장(長)과 같이 형식적·절차적으로 정해진 것을 말한다. 과거 한때에는 리더십이 자유민주주의에 배치(背馳)된다 하여 배격된 바도 있었다. 그것은 다수인(多數人)의 존재를 경시, 독주(獨走)의 위험성, 정책의 불연속성 등의 역기능(逆機能)도 있기 때문이다. 리더십을 지나치게 강조하게 되면 자칫 리더만을 중요시하고 다른 조직 구성원들의 존재를 가볍게 보기 쉽다. 리더가 직권(職權)의 힘에 의하여 조직구성원의 행동을 강제로 이끌게 될 경우, 리더십이 헤드십(headship)의 양상을 띠어 독주성(獨走性)과 일방성(一方性)의 위험이 따를 수 있다.

여기서 리더십의 개념에 있어 가장 중요한 것은 '조직 내에서 어떤 특정의 사람이 다른 사람들을 조직의 목적달성에 자발적으로 협력하도록 하는 능력 또는 기술'이라는 점을 유념할 필요가 있다.

그런 점에서 진정한 리더십은 기본적으로 리더로서의 자질이나 지도력·통솔력 등을 나타낸다고 하지만, 상급자의 직권에 의한 헤드십이나 절대군주국가의 '통치(統治)' 또는 '지배(支配)'와 다르다. 즉, 리더십은 그 기능의 수행을 피지도자의 자발성에 기대한다는 점과, 집단의 성질에 따라 특성이 반드시 고정적이지 않은데 있다고 할 수 있다. 이와 같이 정의해 볼 때, 리더십에 있어서 사람들을 움직(협력)이게 하는 힘(능력)은 강제적인 것이 아니라 자발적으로 움직이게끔 유도된 것이다.

2) 리더의 능력 및 자질과 권력기반

리더십을 발휘하는 리더에게는 미래의 변화하는 환경에 어떻게 전망을 적합시켜 갈 것인지 판단하는 선견력(foresight), 전망이 조직의 전통과 문화를 거스리지 않게끔 뒤를 다독이는 능력(hindsight), 출현 가능한 새로운 발명품이나 경향으로 말미암은 충격을 해석하는 세계관(world view), 전체에 걸친 그림을 적절한 수준으로 자세히, 전체에 걸쳐 볼 수 있는 깊은 인식 능력(depth perception), 새로운 방향을 향한 경쟁자들과 다른 당사자들의 여러 반응을 이해하는 주변 파악 능력(peripheral vision), 환경이 변함에 따라 이전에 종합되어 수립된 방향을 지속으로 재검토하고 재수립하는 능력(revision)이 요구된다. 이 밖에도 리더는 전망을 제시할 적절한 시기, 전망인상의 단순성과 복잡성, 과거에서 연속되는 성질의 개념과 범위설정, 낙관하고 비관하는 정도, 현실성과 신뢰성, 조직에 미치는 겉으로 드러나지 않고 숨은 상태로 존재하는 영향 등을 대상으로 한 의사결정을 내려야 한다.

당초 지도자의 자질과 관련해서는 리더에게 나타나는 개인적 특성이 주목되었다. 스토그딜(Ralph Melvin Stogdill)은 리더에게 나타나는 특성으로서 ① 능력(지능이나 판단력), ② 소양(체력, 경험), ③ 책임성(신뢰성, 인내력), ④ 참가태도(활동성, 사교성), ⑤ 지위(인기, 사회적 세력)의 다섯 가지를 들었지만 동시에 이것들 중에는 서로 모순되는 요소도 포함되어 필요로 하는 요소가 상황에 따라 다르다는 것을 지적하였다.

리더십을 행사하는 리더에게는 기본적으로 권력(power)이 있다. 권력은 다른 사람을 자기 뜻대로 움직일 수 있는 힘이다. 보상과 처벌을 줄 수 있는지, 합법성이 있는지, 따르는 사람들이 좋아하는 참조성이 있는지 그리고 전문성과 정보성이 있는지가 권력의 기반을 형성한다. 리더의 권력기반은 대체로 여섯 가지로 구분된다(Forsyth, 2001). 이런 조건들 중 최소한 한 가지 이상이 갖추어져 있을 때 리더로서 권력이 생긴다.

첫째는 상대가 원하는 것을 줄 수 있는 능력, 즉 '보상'이다. 둘째는 상대가 싫어하는 것을 강제할 수 있는 능력, 즉 '처벌'이다. 사람들은 보상을 얻기 위해, 그리고 처벌을 피하기 위해 리더를 따른다. 셋째는 '합법성'이다. 합법성을 부여받으면 사람들은 그를 따르게 된다. 넷째는 상대가 리더를 좋아하거나 매력을 느끼거나 존경한다면, 그 리더는 '참조성(reference)'에 기반을 둔 권력을 갖는다. 다섯째는 '전문성'이다. 어떤 영역의 전문성이 있다고 생각되면 사람들은 그 전문가의 말을 따른다. 여섯째는 '정보성'이다. 반드시 어떤 영역의 전문가가 아니더라도 특정 정보를 그 사람만 가지고 있다면, 그 사람은 정보성에 기반을 둔 권력을 갖게 된다.

이 여섯 가지 권력의 기반 중 몇 가지를 함께 가지고 있을 수도 있다. 예를 들어, 어떤 교수님이 학점을 잘 줄 수도 있고(보상), 낙제시킬 수도 있고(처벌), 해당 강의를 할 수 있는 합법성을 부여받았고, 해당 영역에 전문성과 정보성을 지니고 있으며, 학생들이 그 교수를 좋아하기까지 한다면(참조성), 그 교수는 여섯 가지 권력기반을 모두 지니고 있는 셈이 된다. 당연히 권력기반이 여럿 있을수록 힘은 강해진다.

3) 리더십의 구성요소

리더십의 개념을 보다 명확히 하기 위해서는 리더십이 어떠한 요소들로 구성되어 있는가를 살펴볼 필요가 있다. 기브(Cecil A. Gibb)는 리더십을 구성하는 요소로 지도자·집단·추종자·상황·과업(업무)의 다섯 가지를 지적하고 있다.

(1) 지도자

리더십은 그 누구보다도 지도적 역할을 하는 주체자인 지도자에 의하여 다루어진다. 지도자는 한 조직에서 고위관리직의 지위에 있을 수도 있으나, 고위관리자라고 하여 반드시 리더십이 있다고 하거나 지도자가 될 수 있다고는 말할 수 없다. 왜냐하면 관리자의 기능과 지도자로서의 자질(資質)과는 별개의 문제이기 때문이다.

(2) 집단

리더십은 조직의 목표달성을 위하여 조직 내의 사람들이나 집단에 영향력을 행사하는 것이므로, 조직이나 집단을 떠난 리더십은 생각할 수 없다. 따라서 리더십은 집단 밖의 사람들을 대상으로 하는 행위가 아니라, 집단 안에서 일어나는 행위인 것이다.

(3) 추종자

리더십의 상대 개념으로 '팔로워십(followership)'이 있다. 팔로워십은 조직이 효과적으로 목표를 달성하기 위해서는 지도력뿐만이 아니라, 리더를 뒷받침하는 부하나 구성원의 역량이 중요하다는 의미를 담고 있다. 리더가 있으면 그 지도적 역할에 상응하여 반드시 추종자가 있어야 한다. 리더의 지도적 역할에 따르지 않는 리더십이란 논리상 있을 수 없는 것이다. 이 경우의 추종행위(following)는 어디까지나 자발적(自發的)인 것임은 말할 나위 없다. 리더는 혼자 존재할 수 없다. 아무도 따르는 사람(follower)이 없다면 리더가 될 수 없기 때문이다. 따라서 리더는 항상 '따르는 사람들'(추종자)의 존재를 존중해야 한다.

(4) 상황

리더십은 조직 안의 상황에 따라 그 발휘가 좌우될 수 있다. 여기서의 상황이란 조직 안의 사람들이나 집단들의 상호작용 관계, 조직문화, 집단의 성격, 집단규범, 집단활동의 제약조건 및 이들에 대한 인식과 태도 등의 양상이라 말할 수 있다.

(5) 과업(업무)

과업(task)이란 조직의 목표달성을 위해 조직의 구성원들에게 주어진 업무를 말한다. 과업은 조직의 성격에 따라 제각기 다르다.

그러므로 다양한 과업에 종사하는 사람들을 획일적으로 다룰 수는 없다. 예컨대 군대 조직이나 교도소 등에서는 보다 엄격한 리더십이 요구되고, 연구소의 경우에는 많은 자유가 허용되는 리더십이 보다 효과적인 것이다. 따라서 과업은 리더십의 중요한 변수(變數, 변인)가 될 수 있다.

02 리더십의 역할 및 기능

1) 리더십의 역할

리더십은 조직환경에 가장 중요한 관점 중 하나로 남아있으나 상황별로 다르게 정의된다. 일반적으로 리더십은 조직의 문제점을 개선하고 조직이 환경변화에 적응하게 하며, 구성원에게 동기를 부여한다. 일찍이 마키아벨리(Niccolò Machiavelli, 1469~1527)는 리더가 성공하려면 능력을 반드시 갖춰야 한다고 주장하였다. 그래야 리더가 기회를 인식하고 포착할 수 있으며, 상대보다 생각이 앞서고 그들과 하는 싸움에서 승리할 수 있다고 설명한다. 운(運)은 모든 전략적 판단에서 중요한 역할을 차지한다. 최대한 세밀하게 세운 계획이 예기치 못한 상황이 닥쳤을 때에는 운으로 말미암아 완벽히 전복할 수도 있으나, 역량 있는 리더는 가능성이 기회로 바뀌는 때를 인식하고 경쟁자나 상대방보다 더 빨리 반응하여 오히려 전화위복으로 활용할 수 있다는 것이다.

링컨 대학교의 앤 마리(Ann Marie)는 "지도력은 능력에 관한 것이다. 여기서 지도자의 능력이란 듣고 관찰하는 능력을 말하는데, 모든 수준의 의사결정을 하는 가운데 대화에 힘을 고양하려는 것을 시작으로 하여, 그들의 식견을 이용하고 의사결정에서 투명성과 절차를 확립하며, 그들만의 가치와 전망을 분명하게 말하면서도 강요하지 않아야 한다. 지도력은 환경을 대상으로 한 것이지, 예정된 것에 반응하고 문제를 인식하고 변화 관리가 아닌 실질에 부합하게 개선하려는 변화를 제안하는 것만은 아니다"라고 주장하였다. 버나드 배스(Bernadrd Bass)는 "지도자란 책임과 과업을 완수하려는 강한 동기와 목표를 추구하는 맹렬과 인내와 문제를 해결하려는 모험심, 창의성, 자신감, 결과를 대상으로 한 승복, 스트레스, 절망, 지체를 대상으로 한 인내라는 특징을 보인다"라고 결론지었다.

2) 리더십의 기능

리더십의 기능이라 함은 리더의 지도적 역할을 의미한다. 그 지도적 역할은 크게 나누어 조직의 목표설정, 자원의 동원, 조직활동의 통제·통합·조정의 세 가지를 들 수 있다.

(1) 목표설정

리더는 조직 또는 집단이 나아갈 방향을 제시하는 목표를 설정하는 기능을 수행한다. 이 경우 지도자에게 가장 중요시되는 일은 조직 내의 개인들의 목표를 조직의 목표에 일치시키는 일이다. 대단히 어려운 일이겠으나, 이것은 조직구성원들에게 그들의 가치관을 조직목표로 유도하여 내재화(內在化)시킴으로써 가능해진다.

(2) 자원의 동원

조직의 목표를 달성하기 위하여 리더는 그 구성원들에게 인적(人的)·물적(物的) 자원과 상징적 수단을 최대한 동원하여 적절하게 배분하고 충족시켜야 한다. 그래야만 구성원들은 리더십에 따르고 각자의 역량(力量)을 최대한 발휘하게 된다.

(3) 조직활동의 통제·통합·조정

리더는 그 조직의 구성원들이 목표를 성공적으로 달성할 수 있는 방향으로 노력하게끔 조직활동을 통제(control)·통합(integration)·조정(coordination)하는 역할을 한다.

03 리더십이론의 변천

1) 일반적인 리더십이론

리더십은 일찍이 정치학의 주요 문제로 제기되어 왔으나, 최근에는 행정학과 경영학에서 조직 및 경영관리 측면에 있어 핵심적 문제로 다뤄지고 있다. 어떻든 조직에는 반드시 지도자를 필요로 한다. 그렇다면 어떠한 사람이 지도자가 되어 리더십을 발휘할 수 있는가가 문제된다. 이에 대하여는 오랫동안 연구의 대상이 되어 왔다.

초창기의 연구에서는 지도자가 되려면 리더십의 자질을 천부(天賦)적으로 갖고 태어나는 것으로 생각하고, 그 공통된 자질을 찾아내는 데 주력을 하였다. 그 결과 등장한 것이 이른바 자질이론(traits theories)이다. 그러나 자질론자들이 지적한 지도자의 자질은 공통된 특성이 못 되어 그 설득력을 잃고 말았다. 다음에 나타난 것이 행태이론(behavioral theories) 또는 행동유형론(行動類型論, styles of leader behavior)이다. 행태이론은 한 마디로 지도자의 행태(行態)에 연구의 초점을 둔 이론이다. 그 후에도 연구가 계속되어 세 번째로 등장한 것은 상황이론(狀況論, situation theory)이다. 상황이론(contingency theories)의 핵심은 시대적 또는 환경적 상황에 적격한 인물이 지도자가 될 수 있다는 견해이다. 여기에는 피들러(F. E. Fiedler)의 상황적응적 리더십이론, 허시(P. Hersey)와 블랭차드(K. Blanchard)의 3차원적 리더십이론, 브룸(V. Vroom)과 예튼(P. Yetton)의 의사결정참여규범이론, 하우스(R. J. House)의 진로-목표 리더십이론 등이 있다.

2) 경영학에서의 리더십이론

리더십은 현대 경영에서도 가장 중요한 화두의 하나다. 리더십은 기업문화를 만들어내고, 경영 전략에 맞추어 기업문화를 변화시키는 데 중요한 역할을 한다. 조직의 리더는 구성원의 동기를 유발시키고 그들로 하여금 좋은 아이디어를 찾게 해주어야 한다. 기업의 비전을 제시해 주고, 구성원들이 이에 맞추어 창의적인 생각을 할 수 있도록 변화의 주도자 역할을 해야 한다. 레빈(Lewin)의 리더십 유형의 실험적 연구는 리더 개인뿐만 아니라 집단활동에 관한 상황과 리더십의 기능에 관한 연구로 집단역학(group dynamics)의 시작이 되었는데, 그는 민주형, 전제형, 방임형의 세 가지로 나누어 집단운영의 효과라는 측면에서 비교하였다. 그 후 리더십 유형에 관한 연구는 점차 발전하였다. 리더십이론은 자질, 특성 이론에서 상황 이론으로, 다시 상호작용 이론으로 변증법적인 발전을 해 왔다.

주요 연구내용을 살펴보면, 아이오와 실험(Lewin, Lippitt, White)에서는 자유와 질서라는 기능 차원에 따라 민주형, 자유방임형, 전제형의 세 가지 유형을 제시하고, 집단에서 리더와 구성원 간의 효과적 관계를 살펴보았다. 미시건 연구(Katz & Kahn)는 종업원 지향, 집단 관계성, 감독 역할의 분화 및 감독의 자상함 등 기능 차원에 따라 종업원 지향형, 생산성 지향형을 제시하면서 과제를 중시하는 리더보다 구성원 간의 개성이나 욕구를 존중하는 리더쪽이 집단의 생산성이 높아진다는 것을 지적하였다. 또한 오하이오 연구(Halpin & Winer)는 리더십의 기능 차원을 배려해 감수성, 생산성 강조, 구조 만들기라는 네 가지 유형으로 나누었다. 한편, 집단역학 센터(Cartwright & Lander)는 기능 차원으로 집단유지 기능과 목표달성 기능을 들고 있으며, 블레이크와 무튼(Blake & Mouton)은 인간의 관심과 생산의 관심이라는 두 가지 차원에 따라 무기력형, 과업형, 중용형, 컨트리클럽형, 팀 관리형 등 81개 유형으로 구분하였다. 이밖에 피들러(Fiedler)의 컨틴전시 모형은 높은 LPC(대인 인지 거리)와 낮은 LPC로 나누어 성격과 상황의 조합 모형을, 허시와 블랜차드(Hersey & Blanchard)는 두 가지 행동 차원(지시, 협조)의 정도(높고 낮음)에 따른 네 가지 유형을 각각 제시하였다.

집단상담자와 집단구성원의 관계에서도 지도성이 크게 작용한다고 볼 수 있다. 상담자가 집단에 참여하는 방식에 따라 그 집단의 방향이 달라지므로 집단상담에서는 지도성의 유형에 따라 집단의 유형을 지도자중심 집단, 방임적 집단, 내면적 통제집단, 외면적 통제 및 격려집단으로 구분한다. 여기서 '지도자중심 집단의 상담자'는 논의할 주제를 집단구성원에게 제시하여 그들이 무엇을 해야 하고 어떻게 실행할 것인지, 그들의 행동에 대한 뚜렷한 의미 등을 교육해야 하는 책임이 있다. '방임적 집단의 상담자'는 집단구성원에게 지나치게 허용적이며 행동에 대한 방향감각이 없으므로, 보다 폭넓은 훈련과 집단형성 과정에 관한 철저한 지식과 상담기술을 갖추어야 한다. '내면적 통제집단의 상담자'는 지나친 감수성을 소유하고 있으며, 상담자 자신이 처리할 수 없는 문제에 대하여 토론을 회피하는 경향이 있다. 상담자는 자신에게 어려움을 주는 부분을 인정하고, 가능한 한 개방적으로 문제를 다루려고 노력해야 한다. '외면적 통제 및 격려집단의 상담자'는 집단구성원을 존중하고 잠재력을 신뢰하여, 그들의 자신감을 향상시키는 데 역점을 둔다.

04 리더십의 유형

1) 리더십의 유형에 대한 연구

리더십은 희구되는 목표를 달성하기 위해 개인 및 집단을 조정하며 동작하게 하는 기술을 의미한다. 조직 속의 리더십은 구성원으로 하여금 바람직한 조직목표에 자발적으로 협조하도록 하는 기술 및 영향력을 말한다. 리더십은 조직의 공식적 구조와 설계의 미비점을 보완하고, 변화하는 환경에 조직이 효율적으로 적응하도록 하며, 조직내부의 조화를 유지시키고, 조직구성원의 동기를 유발하고 재사회화하는 기능 등을 수행한다.

리더십은 이를 연구한 학자에 따라 여러 가지 유형으로 분류되고 있다. 리피트(R. Lippitt)와 화이트(R. K. White)는 의사결정의 양태에 따라 민주적 리더십·권위적 리더십·자유방임적 리더십으로 분류하고 있고, 리커트(R. Likert)는 인간과 업무에 초점을 두고 직원중심적 리더십과 업무중심적 리더십으로 분류하고 있으며, 하우스(R. J. House)는 그의 진로－목표이론에 입각하여 지시적 리더십·지원적 리더십·참여적 리더십·성취지향적 리더십으로 나누고 있다.

〈표 8-1〉 **리더십의 여러 가지 유형**

구 분	강자형 리더	거래적 리더	영웅적 리더	수퍼 리더
초점	명령	보상	Vision	Self-Leadership
권력의 유형	직위/권한	보상	관계적/영감적	공유가치
리더의 지혜와 지식의 원천	리더	리더	리더	대부분의 추종자(Self-Leader)와 리더
추종자들의 반응	강압에 의한 복종	계산상의 복종	리더의 Vision에 기초한 감정적 동화	주인의식에 기초한 동화
리더의 전형적인 행동들	• 지시/명령 • 목표부여 • 협박 • 징계/질책	• 상호교환적 목표 선정 • 조건부 개인적 보상 • 조건부 징계/질책	• 리더 Vision의 교감 • 리더 가치관의 강조 • 훈계 • 교화적 설득	• 유능한 Self-Leader 되기 • 긍정적 사고패턴의 창출 • 보상/건설적 징계를 통한 Self-directed 개발 • Self-directed Team 조성 • Self-Leadership 문화의 촉진

출처: C.Manz & H. Sims. Jr. Super Leadership; Beyond the Myth of Hearoic Leadership. Organizational Dynamic, 1991.

〈표 8-2〉 리더십 유형별 강점(빛)과 약점(그림자)

리더십 유형	강점(빛)	약점(그림자)
일 몰입형 리더십	• 주도성과 추진력으로 목표 달성, 성과 향상에 매진 • 자기 분야에 대한 높은 전문성	• 강한 성과 압박으로 가혹한 리더로 평가 받을 가능성 높음 • 높은 기대 수준으로 부하의 사기 저하 초래
관리 중심형 리더십	• 내실을 중시하는 안정적인 조직 운영 • 원리, 원칙에 입각한 주도 면밀한 관리	• 역할 분담, 권한 위임으로 인해 부하 직원 육성에 어려움을 겪는 경우 많음
관계 중시형 리더십	• 조화를 통한 팀워크 구축, 증진에 유리 • 배려와 경청을 통해 직원들의 마음을 열게 하고 공감대를 형성	• 'Good man 콤플렉스'에 빠질 경우 건강한 갈등마저 외면 • 관계 해결에만 집중하게 되면 실행력 부족으로 이어질 우려도 존재
변화 추구형 리더십	• 현실에 안주하지 않는 지속적 변화 추구 • 카리스마로 신속한 의사결정 및 조직 내 응집력 강화	• 변화 일변도에 의한 조직의 피로도 누적 • 독단에 의한 '원맨 경영'으로 비춰질 우려

2) 상황별 효과적인 리더십 유형

상황에 따라 효과적인 리더십 스타일이 다르다는 명제가 좀 더 체계적으로 검증된 것이 리더십의 '상황적응적 이론'이다(Fiedler, 1993). 결론부터 이야기하면, 보통 상황에서는 '관계지향 리더'가 더 효과적이며, 상황이 아주 좋거나 아주 나쁠 때는 '과제지향 리더'가 더 효과적이다. 구체적으로, 리더의 상황이 좋고 나쁜 것은 대개 세 가지 조건에 따라 구분된다. 먼저 구성원들이 리더를 얼마나 좋아하는지에 따라 리더와 구성원 관계의 좋고 나쁨이 결정되며, 과제가 얼마나 구조화되어 있는지에 따라, 그리고 리더의 직책권력이 얼마나 강한지에 따라 전체적인 상황의 좋고 나쁨이 결정된다.

전체적으로 이런 상황 조건들을 종합해 상황 통제력이 매우 유리하거나 매우 불리한 상황일 때는 관계지향 리더보다 과제지향 리더가 더 효과적이며, 상황 통제력이 중간 정도일 때는 관계지향 리더가 더 효과적이다. 관계지향 리더는 과제의 진행보다 구성원들 간의 관계를 상대적으로 더 중요시하는 리더를 말하며, 반대로 과제지향 리더는 구성원들 중 일부가 불만족하더라도 과제의 수행을 우선적으로 성공시키려 밀고 나가는 리더를 말한다. 구성원들 중에도 관계지향 구성원과 과제지향 구성원이 있지만, 특히 리더의 유형이 해당 집단의 성취와 분위기를 더 크게 좌우한다. 과제지향 리더와 관계지향 리더를 구분하는 척도는 '최소선호 동료(Least-Preferred Coworker, LPC) 척도'이다(Fiedler, 1993). 리더가 자기 의견에 반대하는 구성원을 어떻게 대우하느냐에 따라 리더의 유형이 구분된다. 즉, 해당 집단에서 가장 껄끄러운 부하직원까지도 만족시키려고 애쓰면 관계지향 리더로 분류되고, 그런 직원의 의견을 무시한 채 과제를 수행하는 데 몰두하면 과제지향 리더로 분류된다.

대체로 과제지향성이 높으면 관계지향성이 낮고(지시형 리더), 관계지향성이 높으면 과제지향성이 낮지만(참여형 리더), 이 두 가지가 모두 높은 리더 유형도 있고(판매형 리더), 이 두 가지가 모두 낮은 리더 유형도 있다(위임형 리더).

리더가 상관으로 임명받아 어떤 부서에 처음 들어갔을 때는 '지시형' 리더가 효과적이다. 그러다 점차 부하직원과의 관계 성숙도가 증가하면, 즉 서로 익숙해지기 시작하면 과제 진행과 함께 관계도 발전시키는 '판매형' 리더가 효과적이다. 여기서 더 나아가, 매우 친밀한 관계가 형성된 후에는 리더도 구성원과 하나가 되어 함께하는 '참여형' 리더가 호평을 받는다. 끝으로, 리더의 눈빛이나

려면 지도자가 처한 상황적 요소(狀況的 要素)를 고려해야만 하는 것이다. 그 상황적 요소로는 다음을 들 수 있다.

첫째, 조직의 성격에 따라 리더십의 유형은 달라질 수 있다. 바꾸어 말하면 조직은 자기의 목표나 기능에 적합한 리더십 스타일을 요구하게 된다는 뜻이다. 가령 군대 조직이나 교도소 등과 같이 엄격한 규율을 갖는 조직에서는 권위적 리더십이 요구되고, 연구소와 같은 전문지식인으로 구성된 조직에서는 자유방임적 리더십이 요구되는 것이다.

둘째, 조직 구성원의 교육수준도 리더십의 유형을 결정짓는 요소가 될 수 있다. 조직이 보다 높은 교육수준의 사람들로 구성되어 있을수록 민주적 또는 자유방임적 리더십이 요구되고, 반대로 교육수준이 낮은 사람들로 구성된 조직일수록 권위적 리더십을 요구하게 된다.

셋째, 과학기술의 발달은 조직의 업무를 전문화시키고, 업무의 전문화는 그 조직 구성원을 이끌 리더십으로서 민주형을 촉구하게 된다. 즉, 조직의 각 부서마다 제각기 업무의 전문화가 이루어지면 최고 관리층의 지도자는 각 부서에 대하여 일일이 간섭하고 감독하고 싶어도 전문적 지식이 없기 때문에 의사결정에 있어서 각 부서의 구성원들의 의견을 반영할 수밖에 없다.

넷째, 조직이 처해 있는 환경의 상태도 리더십의 유형을 결정짓는 요인이 될 수 있다. 환경이 가변적(可變的)이고 예측하기 어려운 상태(교란적·반응적 환경)에서는 민주적 리더십이 요구된다. 즉, 조직이 환경변화에 신속히 대처하기 위해서는 하위기관(부하들)이 그때그때마다 적절히 처리하여야 하기 때문에 조직의 분권화(分權化)

와 함께 민주적 리더십이 요구되는 것이다. 그러나 조직(국가)이 전쟁이나 경제공황과 같은 일대 위기에 직면하게 된 경우에는 민주적 리더십보다 권위적 리더십을 요구하게 될 것이다.

다섯째, 한 사회의 성원들이 갖는 생활양식으로서의 문화의 특성에 따라 리더십의 유형은 달라질 수 있다. 그 사회가 아직 전통사회에 머물고 있어 권위주의적 생활양식이 지배하고 있으면 권위적 리더십이 요구되고, 민주주의가 생활화되어 있으면 민주적 리더십이 요구된다.

4) 바람직한 리더십 유형

전통적으로 '외향성, 조화성, 성실성, 안정성, 지능'을 갖춘 사람이 리더가 된다고 생각해 왔다(Forsyth, 2001). 예전에는 이처럼 리더의 성향이 따로 있다고 생각했으나, 요즘은 상황에 따라, 시대의 특성에 따라 선호하는 리더가 달라지고 있다.

지금까지의 연구 결과들을 살펴보면, 여성들만 있는 집단에서 남성이 리더가 되는 경우는 많았는데, 남성들만 있는 집단에서 여성이 리더가 되는 경우는 매우 드물었다(Crocker & McGraw, 1984). 그 이유는 아마도 '바람직한 리더'의 이미지가 호감을 주는 남성상과 유사한 반면, 호감을 주는 여성상과는 다르기 때문이었던 것으로 보인다.

그러나 예전에 힘과 하드웨어에 의존하던 세상이 점차 소프트웨어 중심으로 변해 가면서, 근래에는 부드러운 리더십, 수평적 리더십, 따뜻한 리더십, 힐링(healing) 리더십 등이 각광을 받으며, '바람직한 리더'의 이미지가 호감을 주는 여성상에 조금씩 근접해 가고 있다. 힐링 리더십의 특성은 구성원의 고통스러운 상황에 관한 이야기를 들어줌으로써 위안과 치유를 제공하는 리더십이라 할 수 있다. 물론 이러한 현상도 일시적일 수는 있지만, 미디어의 발달로 중앙집권적인 소통형태가 약해지고 다원적 소통형태로 변화해 가면서, 여성적인 소통방식이 구성원을 배려하는 관계지향 리더십에 반드시 필요한 요소로 등장하고 있다.

이처럼 우리 사회가 필요로 하는 리더십은 시대에 따라 다양한 모습으로 변하고 있다. 미디어와 같이 창의적 사고와 서비스 혁신을 필요로 하는 분야에서는 다음과 같은 리더십 유형이 중요하다.

(1) 감성 리더십

감성 리더십이란 리더 스스로 자신의 내면을 파악하고, 구성원의 감성을 이해하고 배려함과 동시에 자연스럽게 조직 구성원들과 관계를 형성해 조직의 감성 역량을 높이는 능력을 말한다(Daniel Goleman 외, 2003). 조직 구성원이 다양해지고 가치관이 빠르게 변하면서, 일상생활에서 구성원들이 느끼는 감성을 이해하고 이들과 긍정적인 관계를 유지하는 감성 리더십의 중요성이 부각되어 왔다. 감성 리더십은 다음과 같은 단계를 거쳐 구축되며, 결과적으로 구성원의 협력을 이끌어내고 새로운 방식의 문제해결을 촉진함으로써 창조적인 조직성과 창출에 기여할 수 있다.

첫째는 자기통제 단계로, 리더는 자신의 감정표현이 조직 전체에 미치는 영향을 정확히 인식하고 부정적인 감정을 스스로 조절할 수 있어야 한다. 같은 집단에서 일하는 사람들 간에는 불안, 시기, 행복 등의 감성이 전이(emotional contagion)되며, 이는 조직의 성과나 분위기에 영향을 미친다. 연구결과에 따르면, 구성원들 간에는 부정적인 감정이 긍정적인 감정보다 전염성이 높다고 한다. 우리나라와 같이 근무 시간이 길고 관계지향적인 문화가 강한 환경은 상대방의 감정에 더 많이 노출되면서 감정이 쉽게 전염될 수 있는 구조다. 특히, 리더는 성과에 대한 압박으로 스트레스가 크고 부정적인 감정에 쉽게 노출되는 편이다. 이들은 자신의 부정적인 감정을 쉽게 표현할 수 있는 위치에 있기 때문에, 리더로 인한 감정 전염은 조직에 직접적인 영향을 미칠 수 있다. 따라서 리더는 자신과 다른 사람의 감정을 이해하고 조절할 줄 아는 감성 역량을 키울 필요가 있다.

둘째는 조직 내 신뢰구축 단계로, 구성원을 대상으로 마음에서 우러난 신뢰와 존중을 표현해 감성 리더십의 기반을 마련하는 과정이다. 이를 위해 리더들은 구성원들과 정기적인 티타임, 온라인 대화 등 다양한 소통 채널을 갖는 것이 필요하다.

셋째는 개별적 관심과 배려 단계로, 구성원에게 맞춤형 배려를 제공해 감동을 줄 수 있다.

넷째는 긍정적인 집단감성의 형성 단계로, 리더와 구성원의 개별 관계를 넘어서 조직 전체의 우호적, 협조적 관계를 구축하는 것이다.

(2) 공유의 리더십

공유의 리더십은 구성원 모두가 리더가 될 수 있다는 의식을 공유하고 함께 문제를 해결해 나가는 조직 리더십을 구축하는 것이다. 리더 개인의 역량을 넘어서 모든 구성원들이 리더십을 얼마나 효과적으로 공유하는지가 중요하다. 예를 들어, 고어(Gore) 사(社)는 보스가 없고 직급이나 직책도 정해져 있지 않다. 동료들로부터 인정을 받으면 누구나 프로젝트를 주도할 수 있으며 평가도 동료들에 의해 실시된다. 시스코(Cisco) 사(社)의 존 체임버스(John Chambers) 회장도 '지금은 모든 구성원의 집단지성을 활용하는 협업 DNA가 기업을 성공으로 이끄는 시대'라는 점을 강조하고 있다.

(3) 경청 리더십

경청 리더십은 구성원의 의견을 마음으로 경청하고, 권한과 기회를 제공해 자발적인 몰입을 촉진하는 리더십이다.

첫째 단계로 리더와 구성원 간에 신뢰와 공감대가 형성되면, 구성원은 자신감을 가지고 창의적 아이디어를 제시할 수 있다.

둘째 단계는 기회 제공으로, 경청을 통해 공감대가 형성된 리더는 구성원의 제안을 채택하고 이를 시행할 수 있는 기회를 제공한다. 가령, 구글(Google) 사(社)는 구성원의 창의적 아이디어를 촉진하고 이를 신사업으로 육성하기 위해 '구글 랩(Google Lab)'을 설치하여 조직 서열에 관계없이 아이디어 제공자에게 기회를 제공하고 권한과 자원을 부여한다.

셋째 단계는 자발적 몰입으로, 구성원은 자신의 책임 아래 업무를 수행하면서 효율성을 높이고 창조적 성과를 이끌어낸다.

(4) 서번트 리더십

서번트 리더십(servant leadership)이라는 개념을 처음 제시한 미국의 경영 연구가 그린리프(R. K. Greenleaf)는 "타인을 위한 봉사에 초점을 두며, 종업원·고객 및 커뮤니티를 우선으로 여기고 그들의 욕구를 만족시키기 위해 헌신하는 것"이라고 정의하면서, 우선 리더(지도자)이기 전에 서번트(봉사자)가 되어야 하며, 구성원들이 스스로 역량을 개발할 수 있는 환경을 조성해 주어야 한다고 주장하고 있다.

서번트 리더십 교육으로 가장 유명한 그린리프(Greenleaf) 연구센터의 스피어스(Spears) 연구소장은 서번트 리더의 특성적 요소로 ① 경청하는 자세, ② 공감대 형성에의 노력, ③ 부하들의 고통치유에 관심, ④ 분명한 인식을 통해 대안 제시, ⑤ 맹종 아닌 설득에 의한 동반, ⑥ 폭넓은 사고를 통해 비전 제시, ⑦ 예리한 통찰력으로 미래예측을 하도록 도움, ⑧ 청지기적인 태도로 봉사, ⑨ 부하들의 능력개발에 노력, ⑩ 조직구성원들 간 공동체 형성에 조력 등 열 가지를 제시하고 있다.

(5) 위기극복 리더십

위기극복 리더십은 기술과 환경이 급격하게 변하는 뉴미디어 분야에서 점점 중요해지는 유형이다. 예를 들어, 닌텐도 사(社)의 이와타 사토루(岩田聡) 회장이 그 예다. 그는 2000년 이후 닌텐도가 게임기 시장의 주도권을 소니와 MS에 차례로 빼앗긴 후, 발상의 전환을 모색하였다. 그 결과, 기술 중심의 게임이 아닌 고객 중심의 게임을 개발해야 한다는 공감대를 형성하였다. 게임을 하지 않는 여성을 고객으로 유도하면서, 폭력적이지 않고 교육적이면서 몸을 사용해 건강을 해치지 않는 새로운 게임 닌텐도 'Wii'를 히트시켰다.

월트 디즈니 사(社)의 로버트 아이거(Robert Iger) 회장도 위기에 빠진 조직을 회생시킨 경우다. 그는 '창의성이 열쇠다(creative is key)'라는 모토 아래 수평적인 조직구조를 만들어 다양한 아이디어를 장려하였다. 무엇보다 소비자 중심의 콘텐츠 경영전략에 초점을 맞춘 것이 월트 디즈니를 최고의 엔터테인먼트 그룹으로 거듭나게 하였다. 픽사를 인수해 제2의 애니메이션 전성기를 만들었고, 디즈니 콘텐츠를 아이튠즈 등 온라인과 모바일에 제공해 다른 글로벌 기업보다 빨리 멀티 플랫폼 전략을 성공적으로 실행하였다.

(6) 창조적 리더십

여러 가지 리더십 유형이 존재하지만 혁신적인 미디어 분야가 필요로 하는 리더는 창조적 인물이어야 한다는 데에 이견이 없다. 창조적 리더는 창의적인 혁신 활동을 통해 새로운 서비스와 제품, 새로운 시장을 개척하는 남다른 의지와 역량을 발휘하는 사람이다. 창조적 리더십의 조건으로는 다음과 같은 것을 들 수 있다.

창조적 리더는 전략적 사고(strategic thinking)를 바탕으로 부단히 조직의 성장을 추구해야 한다. 또 다양한 인재의 확보와 후계자 양성이 무엇보다 중요하다. 이와 관련해 조직에는 실패를 두려워하지 않는 도전적인 기업문화가 있어야 한다. 만일 실패할 경우 재도전의 기회를 주되, 같은 실패가 반복되지 않도록 원인을 분석한 후 조직이 공유하는 시스템이 중요하다. 창조적 리더는 조직에 창조적 영감을 부여하는 선구자가 되어야 한다. 글로벌 시장을 개척해 조직의 브랜드가치를 높이고, 다양한 이해관계자(stakeholder)와 소통하고, 전략적 사회공헌으로 기업과 사회의 상생 방안을 모색하는 것도 이들의 주요 덕목이다.

리더십 덕목은 현재 리더인 사람들에게만 필요한 것이 아니다. 오히려 미래의 리더 양성을 위해 우수한 인재를 교육하고 모두를 위한 리더십 공감대를 만드는 일이 더 중요하다.

(7) 스티브 잡스Steve Jobs의 리더십

최근 들어 애플 사(社)의 CEO였던 스티브 잡스(Steve Jobs) 리더십에 대한 재조명이 활발한 편이다. 잡스는 언제나 최고의 완벽을 추구하며, '혼을 빼놓을 만큼 뛰어난(insanely great)' 제품을 만들 것을 요구하였다. 애플 로고가 말해주듯이 단순한 디자인 가치에 대한 그의 신념과 원칙에 한 치의 양보가 없었다. 잡스에게 단순함이란 복잡함의 무시가 아니라, 그것을 뛰어넘는 상당한 노력의 결과이기 때문이다.

아이디어를 성과로 연결시키기 위한 집중과 몰입은 그의 주변 5미터 이내에 들어온 구성원들에게 공포심을 불러일으키는 것으로 유명하였다. 하지만 그가 보여 준 열정과 영감이 조직 전체를 공명시키고 기대 이상의 성과와 자부심을 가져왔기 때문에 구성원들은 그를 믿고 따랐다. 무엇보다 잡스는 미래 가치를 꿰뚫어보는 통찰력을 가지고 있었다. 제록스의 그래픽 인터페이스와 기술을 가져다 쓴 것은 IT 역사상 가장 의미심장한 도둑질로 간주되지만, 그의 통찰력 때문에 애플의 혁신 제품들이 속속 탄생할 수 있었다.

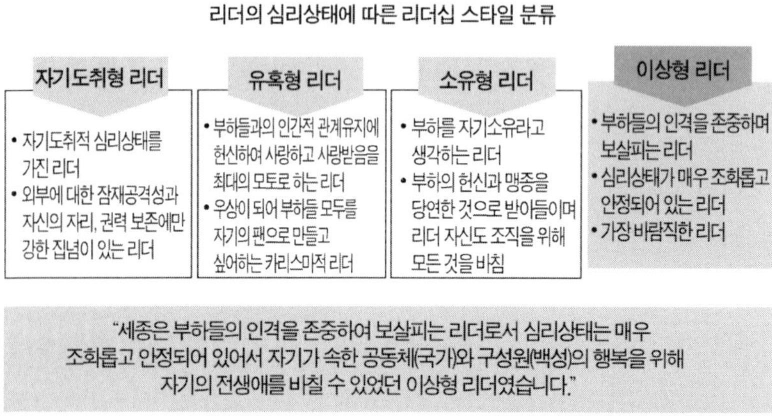

▌그림 8-3▌ J. Stora의 리더십 스타일 연구에 비춰본 세종의 중용 리더십

PART 03

생활 속의 인간관계

Chapter 9 우정과 사랑

Chapter 10 결혼과 인간관계

Chapter 11 직업과 인간관계

Chapter 12 친인척과 인간관계

Chapter 13 인맥관리

09 Chapter

우정과 사랑

학습목표

1. 우정의 의미를 이해한다.
2. 친구의 기능과 유형에 대해 살펴본다.
3. 사랑의 의미를 이해한다.
4. 사랑의 구성요소 및 유형에 대해 살펴본다.

01 우정과 인간관계

1) 우정의 의미

우정(友情)이란 사회학적 측면에서 볼 때, 호감과 애정이 관련되어 있거나 또는 충성과 같은 상호 의무와 관련되어 있는 서로 친밀한 사람들 간의 우호적인 관계를 의미한다. 여기서 우정관계는 정확하게 구체화하기 어려운데, 왜냐하면 그것은 유동적이고 자발적인 특성에 의해 특징짓게 되고, 지속성과 강도에 있어서 매우 다양하기 때문이다.

사회학자인 세이무르-스미스(Seymour-Smith, 1986)는 "우정은 친족이나 다른 강제적 관계의 체제에 의해서 잠식되고 있는 사회적 공간에서 개인들에 의해 창조된 사회적 네트워크, 즉, 호혜성 관계이다"라고 언급하였다. 우정에 대한 학문적 연구 결과에 의하면 우정이 현대사회에서 개인적 안녕에 있어서 중요한 요인(특히 어린이에게 있어서 우정과 또래와의 관계는 사회화 과정에서 중요한 부분을 차지)임에도 불구하고, 대다수의 성인들은 자신에게 상대적으로 친밀한 친구가 거의 없다고 간주하고 있다고 한다(Suttles, 1970).

특히 우정에 대한 인식에 있어서 성에 따라서 현저한 차이를 보이고 있다. 여성은 보통 남성보다 더 친밀한 친구를 가지고 있고, 이 관계가 자신의 생활에서 더 중심적인 것이라고 여기는 것으로 나타나고 있다.

2) 친구의 기능

친구(親舊)는 동무 또는 벗과 같은 말로 보통 친하게 어울리는 사람, 즉 우정관계를 갖고 있는 상대를 가리키는 말로 좋은 친구는 사회생활에 있어서 우리에게 다음과 같은 기능과 역할을 하고 있다고 한다.

① 주요한 정서적 공감자이자 지지자

② 자신과 자신의 삶을 평가하는 주요한 비교준거

③ 즐거운 체험을 공유하는 사람

④ 안정된 소속감 제공

⑤ 삶에 현실적인 도움 제공

3) 친구관계를 유지하는 주요 요인

① 친구는 만나서 즐거워야 한다.

② 친구는 만나서 편안하고 서로 힘을 줄 수 있어야 한다.

③ 현실적인 도움을 주고받는 친구관계는 심화되는 경향이 있다.

4) 친구관계의 유형

① 우정의 강도에 따른 친구관계

② 형성요인에 따른 친구관계

③ 기능에 따른 친구관계

④ 제3의 친구관계(SNS를 통한 관계)

〈표 9-1〉 **나의 우정지수**

점수로 보는 나의 우정	늘 그렇다	가끔 그렇다	그렇지 않다
1. 공통의 취미나 생각을 가지고 무엇인가 하면서 지낸다.			
2. 좋은 것, 맛있는 것이 있으면 꼭 서로 나눠 쓴다.			
3. 서로의 생각, 느낌이나 의견을 솔직히 이야기 한다.			
4. 지금의 우정이 계속 유지될 것을 굳게 믿는다.			
5. 잘못된 일이 있으면 솔직히 말하고 용서를 구한다.			
6. 어떠한 경우에도 친구를 무시하지 않는다.			
7. 친구의 이야기를 잘 들어준다.			
8. 친구의 이야기를 듣고 답변, 충고를 성심껏 해준다.			
9. 친구의 좋은 점, 본받을 점을 이야기해 준다.			
10. 친구의 비밀 또는 약속을 잘 지킨다.			

* 늘 그렇다: 5점, 가끔 그렇다: 3점, 그렇지 않다: 1점; 점수가 높을수록 우정지수가 높다.

02 사랑과 인간관계

1) 사랑의 유래와 의미

사랑은 사전적 의미에서 인간의 근원적인 감정으로 인류에게 보편적이고, 인격적인 교제 또는 인격 이외의 가치와의 교제를 가능하게 하는 힘으로서 미움의 대립개념이라고 할 수 있으나, 근원적인 생명 원리로는 미움까지 포괄한다.

사랑은 역사적·지리적으로, 또 교제 형태에서 여러 양상을 취한다고 할 수 있다. 고대 그리스에서의 사랑은 에로스로 불렸으며, 이것은 육체적인 사랑에서 진리에 이르고자 하는 동경·충동을 포함하고 있다. 그리스도교에서의 사랑, 즉, 아가페는 인격적 교제(이웃에 대한 사랑)와 신에게 대한 사랑을 강조하며, 이것을 최고의 가치로 삼아 자기희생에 의하여 도달하게 됨을 의미한다. 르네상스에서의 사랑은 또 다시 인간 구가(謳歌)의 원동력으로 보았으나 이것은 사랑의 세속화를 의미하는 것으로 간주되고 있으며, 그럼에도 산업화가 진척되어 가는 현대에서는 그와 같은 경향이 두드러지는 추세이다.

또한 사랑은 인간의 근원적인 감정이라는 점에서 서양 문화권에서는 물론이고 힌두교에서의 카마, 유교에서의 인(仁), 불교에서의 자비 등 모든 문화권에서 찾아볼 수 있으며, 사랑의 표현 방법은 한결같지 않고 애국심이나 가족애 또는 우애를 비롯해서 성애(性愛) 등 교제 형태에 따라 차이가 있다. 여기서 애정과 우정 관계의 유사한 점을 살펴보면 함께 있으면 즐겁고 편안하며, 서로를 있는 그대로 받아들이고, 서로를 신뢰하고 존중하며, 서로 간에 감정이나 경험을 솔직하게 털어놓고, 상대편의 행동과 감정을 이해하며, 서로를 감추지 않고 자유스럽게 드러내고, 어려울 때 서로 도와주는 점 등을 들 수 있다.

다만 애정관계는 ① 어떤 사람의 어떤 관계보다 특별하고 열정(애착)적인 측면, ② 상대방을 위해서라면 어떠한 희생(개입, 헌신)도 무릅쓸 수 있다는 보호적인 측면에서 우정관계와는 다른 특성을 지니고 있다고 볼 수 있다.

2) 사랑의 구성요소 및 유형

사회심리학자인 스턴버그(Sternberg, 1986)는 사랑의 구성요소로 친밀감, 열정(애착), 헌신(개입)을 들고 있다. 이 세 가지 요소를 삼각형의 각 꼭지점에 놓고 볼 때, 조화롭게 균형을 이룬 삼각형을 형성할 때 가정 성숙한 사랑이며, 어느 한 요소에 치우치면 균형을 잃은 잘못된 사랑이라고 할 수 있다.

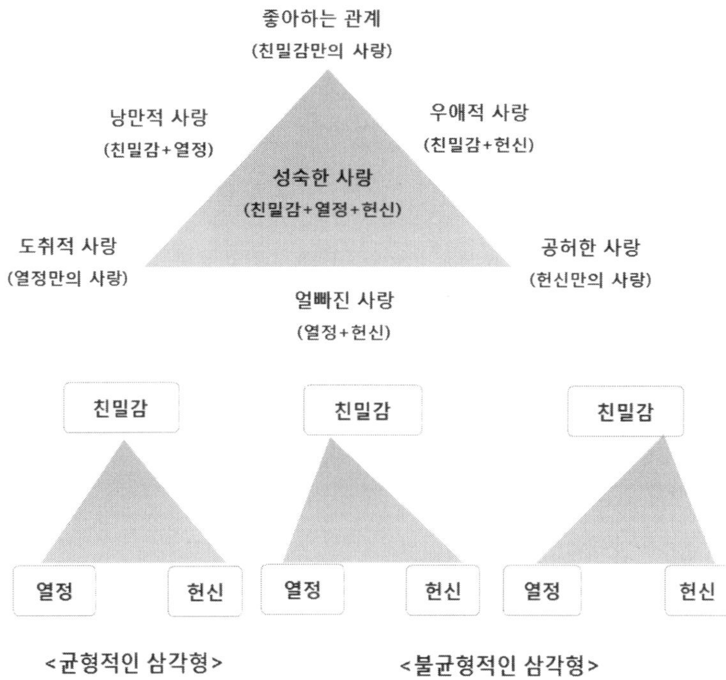

▌그림 9-1▐ 균형적인 삼각형, 불균형적인 삼각형

또한 스턴버그는 친밀감, 열정(애착), 헌신(개입)이라는 사랑의 세 요소를 결합하면 ① 좋아하는 관계, ② 도취적 사랑, ③ 공허한 사랑, ④ 낭만적 사랑, ⑤ 우애적 사랑, ⑥ 얼빠진 사랑, ⑦ 성숙한 사랑으로 나눌 수 있다고 하였다.

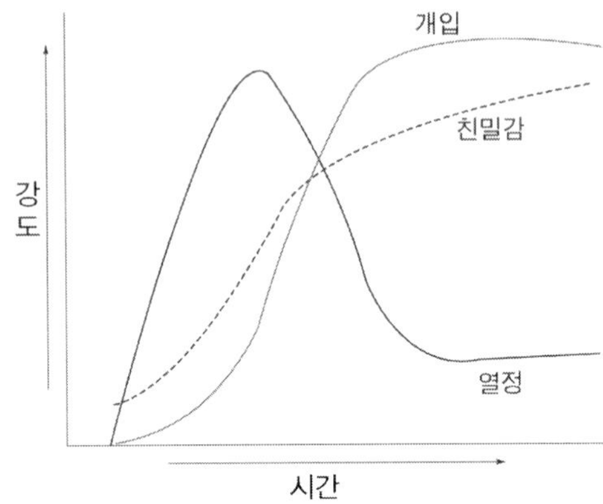

❙ 그림 9-2 ❙ 시간의 흐름에 따른 사랑곡선의 변화

〈표 9-2〉 **존 앨런 리(John Alan Lee)의 전통적 사랑의 유형**

에로스(eros)	주로 상대의 외모의 아름다움으로 생기는 사랑이다. 에로스적 사랑을 하는 사람은 자신이 이상적으로 생각하는 외모를 가진 사람을 찾는다.
루더스(ludus)	유희적 사랑으로 이런 사랑을 하는 사람은 한 사람과의 관계에 자신을 매어놓지 않고 책임지려 하지도 않는다. 대신 여러 사람과 유희적인 사랑을 택하는 경향이 나타난다.
스토게(storge)	어떤 사람과 가까이 지내며 서서히 발전하는 애정의 결과로 생긴 사랑이다. 이런 사랑을 하는 사람은 강렬한 정열 없이 서서히 조심스럽게 지속적인 책임 있는 관계로 발전한다.
마니아(mania)	강렬한 낭만적인 사랑으로서 이런 사랑을 하는 사람은 질투가 많고 상대에 대해 집중적인 몰두를 하게 된다. 또한 상대방으로부터 강렬한 사랑을 기대하고 반복적인 확인을 요구한다.
아가페(agape)	이타적 사랑으로서 받는 것을 기대함이 없이 주는 사랑이다. 온유한 보살핌과 무조건적 헌신이 중요한 요소가 된다.
프래그마(pragma)	합리적 사랑으로서 이런 사랑을 하는 사람은 교육, 종교, 직업 등 여러 가지 현실적 조건을 고려하여 적당한 사람을 찾고 선택한다.

한편, 정신분석학자인 프롬(Erich Fromm, 1900~1980)은 사랑의 대상이 다르고 사랑의 깊이와 질이 다를지라도 구성요소는 동일하다면서 관심(care), 책임감(responsibility), 존경(respect), 지식(knowledge)

등 네 가지를 기본요소로 들고 있다.

이와 함께 프롬은 사람들이 사랑하고 사랑받기를 원하면서도 사랑하는 방법을 배울 필요가 있다고 생각하는 사람은 극히 드물다며, 그 이유로 ① 사람들이 사랑은 '사랑하는 것'이 아니라 '사랑받는 것'이라고 생각하고, ② 사랑이란 '능력'의 문제가 아니라 '대상'의 문제라고 가정하며, ③ 사랑을 시작하는 '최초 경험'과 사랑관계 속에 머물러 있는 '지속적인 상태'를 혼동하기 때문이라고 주장하고 있다.

한편, 남성과 여성의 대화방식의 차이를 잘 이해하는 것도 참된 사랑에 큰 도움이 된다고 하는데, 그 차이를 정리해 보면 다음과 같다(Gray, 1992).

첫째, 남성은 '사실'에, 여성은 '감정'에 초점을 둔 대화를 많이 한다. 예를 들어, "우리 올해 영화관 한 번도 같이 간 적이 없잖아"하고 여자가 이야기했을 때, 남자는 '한 번도' 간 적이 없다는 것은 '사실'이 아니며, 올해 실제로 '몇 번' 갔는지를 지적해 주는 경향이 있다. 그러나 여성이 이야기하는 '한 번도'라는 말은 정확한 '사실'을 이야기한 것이라기보다는 '감정의 강도'를 뜻할 가능성이 크다.

둘째, 남성의 의사소통은 '직접적'인 반면, 여성의 의사소통은 '간접적'인 경향이 있다. 예를 들어, 남자가 출근할 때 재활용 쓰레기를 버려 주었으면 좋겠다고 생각하는 여자는 바로 직접적으로 "이 쓰레기 좀 버려 달라"고 이야기하는 편이 남자의 행동을 이끌어내기 더 쉽다. 그런데 대부분의 여성들은 "이거 왜 항상 내가 버려야 하는 거야?"하고 간접적인 의문문 형태로 이야기하면서 속으로는 남자가 버려 주기를 바라는 경향이 있다.

셋째, 남성은 '신뢰'를 원하고 여성은 '관심'을 원하는 경우가 많다. 물론 남녀 모두 신뢰와 관심을 다 원하기는 하지만, 상대적으로 좀 더 중요시한다는 의미이다. 예를 들어, 남자는 스트레스를 받으면 자기를 믿어주기 바라며 혼자 있고 싶어 하는 데 비해, 여자는 스트레스 받을 때 관심을 받고 싶어하는 경향이 있다. 서로 자기가 원하는 것을 상대방이 원할 것이라 생각하고 행동하면 오해가 생긴다.

넷째, 남성과 여성은 가치를 계산하는 방식이 조금 다를 수 있다. 예를 들어, 남자는 여자에게 작년 생일에 아주 큰 선물 하나를 사 주었으니 족히 95점은 받았을 거라 생각하며 당분간은 선물 타령을 하지 않으려니 기대하지만, 여자는 아주 큰 선물에도 1점, 장미꽃 한 송이에도 1점을 부여하며 크든 작든 지속적인 관심과 확신을 원한다.

사랑도 커뮤니케이션의 하나라고 볼 때, 상대방이 사용하는 언어의 특성을 잘 파악하고 있어야만 원만한 사랑을 이어갈 수 있을 것이다. '간접적으로, 뭔가 정말 원하는 것은 드러내지 않으면서, 날카로운 언어'로 이야기하기보다는 '직접적으로, 솔직하게, 부드러운 언어'로 이야기하는 것이 거의 모든 경우에 가장 효과적으로 내용을 전달하면서도 상대의 마음을 상하게 하지 않는 지름길이다.

결론적으로 볼 때 프롬은 사랑이란 즐거운 감정이라기보다는 기술(Art)이며, 사랑하기 위해서는 지식과 노력이 필요하다면서 다음과 같은 이론적 근거를 제시하였다.

첫째, 사랑을 하기 위해서는 순수한, 성숙한 사랑의 의미가 무엇인가를 알고 삶에서 사랑의 가치를 긍정적으로 여기고, 우선적 가치로 삼아야 한다.

둘째, 사랑하는 기술을 습득해서 실천에 옮겨야 하는데 그 구체적 방법은 다음과 같다.

① 자신의 욕구를 분명하게 밝힌다.

② 상대방의 욕구를 알고 충족시키려 노력한다.

③ 각자가 서로의 사랑하는 방식을 이해하고 존중해야 한다.

④ 사랑을 지킬 용기가 있어야 한다.

〈표 9-3〉 **이성관계 만족척도**

문항	전혀 아니다	그렇다	다소 아니다	보통 이다	약간 그렇다	그렇다	매우 그렇다
1. 나는 이성친구와 함께 하는 동안은 행복하다.	1	2	3	4	5	6	7
2. 나는 이성친구와 지내는 것이 권태롭다.	1	2	3	4	5	6	7
3. 나는 이성친구 때문에 바라던 것이 충족되었다.	1	2	3	4	5	6	7
4. 나는 이성친구를 사귀게 된 것을 후회한다.	1	2	3	4	5	6	7
5. 나는 마지못해 내 이성친구와 사귄다.	1	2	3	4	5	6	7
7. 나는 현재 내 이성친구와 사귀기를 잘 했다.	1	2	3	4	5	6	7
8. 나는 내 이성친구가 지겹다	1	2	3	4	5	6	7
9. 내가 내 이성친구를 만난 것은 행운이다.	1	2	3	4	5	6	7

* 각 문항은 7점 척도로 되어 있으며 2번, 4번, 6번, 8번 문항은 역채점 문항이다. 점수가 높을수록 만족스러움을 의미한다.

10 Chapter

결혼과 인간관계

학습목표

1. 결혼의 정의와 의미를 이해한다.
2. 배우자 선택 및 결혼 과정에 대해 살펴본다.
3. 결혼생활이 어떠해야 하는지 살펴본다.

01 결혼의 의미와 준비과정

1) 결혼의 정의 및 의미

결혼(結婚)은 글자 그대로 '남녀가 정식으로 부부관계를 맺는다'는 것을 뜻한다. 사회학적으로는 인간의 요구와 의무 간에 균형을 잘 유지하고 책임 있는 역할을 수행하도록 하며, 이를 통해 하나의 성숙된

인격체로 완성되어 가는 인생의 중대한 과제로서 다음과 같이 정의할 수 있다.

① 사랑을 바탕으로 서로의 인격과 능력을 보완해가면서 발전시켜 나가는 주체적이고 평등한 관계이자, 성숙한 인격체의 만남이다.

② 남녀가 혼인을 하여 새로운 가정을 이뤄가는 출발점으로서 개인과 개인 간의 결합일 뿐 아니라, 양가 가족 집단이 서로 인연을 맺는 중요한 의례 절차이다.

③ 가정과 문화와 생활배경을 달리하는 성숙한 남녀가 그 사회가 정하는 법이나 제도 또는 규범적 틀에 따라 가족형성을 목적으로 실행하는 계약이다.

본능에 따라 생존하고 번식하는 동물세계와 달리 인간사회에서 결혼은 관습과 문화의 산물이라고 할 수 있는데, 현대 서구화된 사회에서의 결혼은 대체로 이성간의 교제, 구혼기간, 그리고 약혼의 과정을 통해 이루어진 최종적인 결과로서 보다 구체적으로는 다음과 같은 의미를 갖고 있다.

① 법적 책임의 계약관계이다.

② 사랑의 마지막 단계의 실현이다.

③ 정서적으로 안정된 생활을 추구한다.

④ 성인으로서의 확고한 신분을 획득한다.

⑤ 경제적 독립과 안정을 이루게 된다.

⑥ 자녀를 출산해 가족을 형성한다.

⑦ 성적 욕구의 합법성을 부여 받고 이를 충족하게 된다.

2) 배우자 선택 및 결혼 준비과정

한 개인의 삶에서 부부관계가 차지하는 비중만큼 배우자의 선택은 일생에 있어 무엇보다 중요하다고 할 수 있는데, 현재 우리 사회에서 배우자의 선택방법은 대체로 자유혼(당사자 자유의사에 의한 선택), 중매혼(가문이나 사회·경제적 지위를 기준으로 부모나 친족을 통한 선택), 절충형(당사자의 선택 후 부모 동의 또는 부모 선택 후 당사자의 동의)으로 구분할 수 있다.

실제로 우리가 수많은 이성 중에서 결혼 상대자를 최종적으로 만나는 과정은 가히 운명적이라고 할 만큼 매우 다양하고 복잡하다는 점에서 사회학자들 간에는 배우자 선택에 개입되는 요인과 과정에 대해 많은 연구가 이뤄졌는데, 이 중 케르코프와 데이비스(Kerkoff & Davis, 1962)에 의해 제안된 여과이론의 단계는 다음과 같다.

- 1단계: 접근성 여과기
- 2단계: 유사성－상보성 여과기
- 3단계: 개인적 매력 여과기

• 4단계: 조화성 여과기
• 5단계: 선택적 여과기
• 6단계: 결혼(結婚)

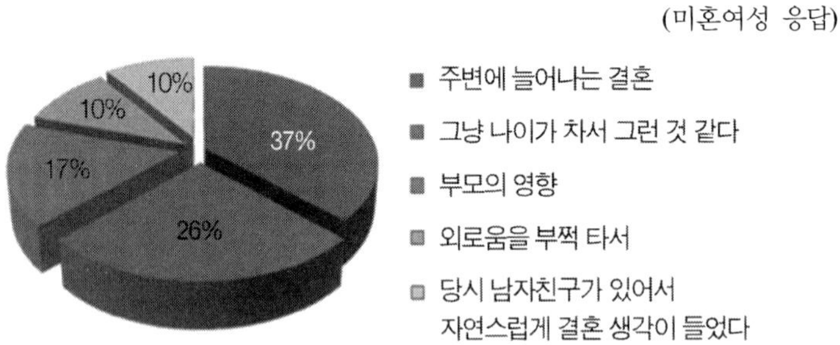

그림 10-1 **결혼을 생각하게 된 계기**

출처: 가연결혼정보

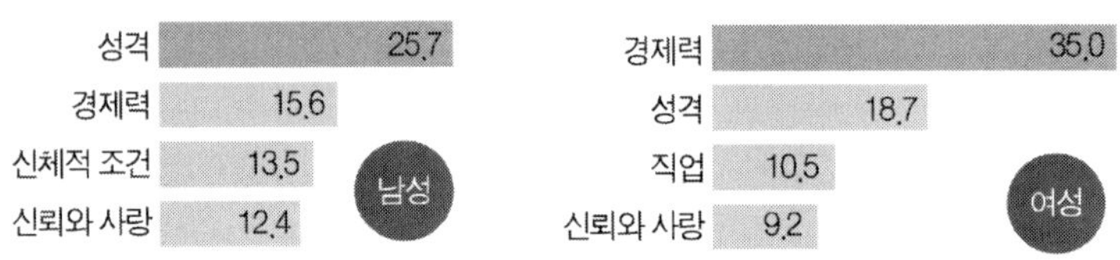

그림 10-2 **미혼자의 배우자 선택 조건**

출처: 통계청.

결혼은 개개인의 사고, 인격, 개성이 다른 사람들끼리 함께 끌고 가는 수레와 같다는 점에서, 한 방향으로 나아갈 수 있는 힘 있는 수레가 되기 위해서는 최상의 배우자를 선택한 후에도 서로 간에 의논하고 합의해야 한다.

(1) 삶에 대한 관점

① 가치관

② 종교

(2) 부부관계 파생 문제

① 가족계획

② 부부생활

③ 결혼 전 문제

④ 개인의 기호

⑤ 가사분담

(3) 가족관계 파생 문제

① 자녀 양육

② 부모 봉양

③ 혼수

④ 직업, 진로에 관한 논의

02 성공적인 결혼생활

1) 결혼생활과 가정

결혼생활은 서로 다른 환경에서 자란 남녀(부부)가 가족이 되어 자식을 낳고 부모를 봉양하면서 한 가정을 이루고 살아가는 것을 의미한다. 가정은 인간이 태어나서 접하는 최초의 사회적 환경이면서, 부모와 형제자매 등 가족들이 공동생활을 하는 사회의 가장 작은 집단으로서 사회적으로 다음과 같은 기능과 의미가 있다.

① 가정은 출산과 양육을 통해 사회구성원을 재생산(종족보존)하는 역할을 한다.

② 가정은 가족들이 살아가는 데 있어 가장 기본적인 의식주 문제를 해결한다.

③ 가정은 친밀한 가족관계를 통해서 애정과 신뢰, 위안과 존경 등 심리적이고 정서적인 만족과 안정을 주는 삶의 안식처로서의 역할을 한다.

④ 가정은 이웃에 대한 사랑, 이해, 융화, 상호부조 등 사회가 존립하는데 있어 꼭 필요한 윤리의 근본을 배울 수 있는 가장 중요한 사회화 기관이다.

2) 신혼부부 발달과업

① 서로의 개인적 습관에 적응하기

② 부부간의 의사소통 기술을 발달시키기

③ 성 역할에 대한 기대를 조화시키기

④ 부부생활에 적응하기

⑤ 부부의 역할과 가족의 역할을 확립하기

⑥ 친족관계를 확립하기

⑦ 가정의 경제적 문제를 관리하기

⑧ 가족과 직업 중 어느 한쪽에 편중되지 않고 조화하는 방법 찾기

⑨ 서로에게 정서적 지원을 제공하고 개인적 성취를 이룰 수 있도록 돕기

3) 부부관계의 조화로운 적응 과정

① 결혼생활에서 들어나는 차이점에 대해서 서로 조화시켜 나가는 과정이다.

② 결혼 전 연인관계에서 결혼 후 부부관계를 인식하고 서로의 관계를 변화시켜 나가는 과정이다.

③ 부부관계의 적응은 결혼생활에서 요구되는 일상적 과업을 배우며 익히는 과정이다.

4) 성공적인 부부관계의 십계명

① 가족의 위기를 성공적으로 해결한다.

② 지속적인 애정교환을 한다.

③ 배우자에게 헌신하며 성실한 태도를 갖는다.

④ 칭찬·감사·지지를 아끼지 않는다.

⑤ 개방적이고 솔직한 대화를 나눈다.

⑥ 인생관·가치관·역할기대를 일치시킨다.

⑦ 유연하고 융통성 있는 성숙한 태도를 보인다.

⑧ 배우자에 대해서 관용과 인내를 보낸다.

⑨ 배우자와 함께 나누는 동반자 역할을 해야 한다.

⑩ 원만한 부부관계를 위한 의지를 갖는다.

5) 자녀교육을 위한 감정코치

- 1단계: 자녀의 감정을 인식하기
- 2단계: 감정적 순간을 친밀감 조성과 교육의 기회로 삼기
- 3단계: 자녀의 감정이 타당함을 인정하고 공감하며 경청하기
- 4단계: 자녀가 자기감정을 표현하도록 도와주기
- 5단계: 자녀가 스스로 문제를 해결하도록 이끌면서 행동 한계를 정해주기

11 Chapter 직업과 인간관계

학습목표

1. 진로선택 및 취업에 대해 살펴본다.
2. 직장생활에서 인간관계의 중요성을 이해한다,
3. 직장인으로서의 기본자세에 대해 살펴본다.

01 진로선택 및 취업

1) 진로선택

현대사회에서 직업은 개인의 존재를 규정하는 데 있어 사실상 전부나 마찬가지로 결정적 역할을 한다는 점에서, 행복한 미래를 설계하기 위해서는 다음과 같은 점을 충분히 고려해 가능한 한 빨리 자신의 진로목표를 설정할 필요가 있다.

① 직업과 관련된 정보를 수집하라.

② 자신이 진정으로 원하는 것을 찾아라.

③ 목표는 구체적이고 명확하게 설정하라.
④ 실현 가능한 현실적인 목표를 세워라.
⑤ 목표에 대한 소유의식을 가져라.
⑥ 자신의 가치관에 부합하는 목표를 선택하라.
⑦ 지속적으로 목표를 점검하라.
⑧ 목표도 바뀔 수 있음을 인정하라.

2) 취업

우리나라의 직업 종류는 1만 2,000여 종에 달하며 일본은 우리나라의 2배, 미국은 3배의 직업 종류가 있는 것으로 알려져 있는데, 이 가운데 자신의 능력 및 적성과 강점 및 약점을 고려하여 적합한 직업을 최종 선택하는 것은 매우 어려운 일이다. 그러나 목표가 설정된 사람과 설정되어 있지 않은 사람의 차이는 출발점에서부터 다르며, 목표를 세우고 구체적으로 어떻게 실천하는가에 따라 인생이 달라질 수 있으므로, 자신이 원하는 직업을 찾아내 구체적으로 명확하게 목표를 세우고 의도적이고 계획적으로 부단히 나아간다면 반드시 이뤄낼 수 있다.

결론적으로 직업을 구하는 데 있어 가장 중요한 것은 취업을 하든 창업을 하든 스스로의 능력을 키우고, 부족한 점을 보완하는 끊임없는 노력을 통해 자신이 목표로 하는 분야에서 가장 필요로 하는 인재로 성장하는 길밖에 없다.

02 직장생활에서 인간관계의 중요성

취업 후 직장생활에 잘 적응하기 위해 기본적으로 필요한 것이 직무에 대한 만족도나 전문성, 숙련도 등이라고 한다면, 그 다음으로 반드시 필요하면서 오히려 더 중요한 요소로 작용하는 것이 '인간관계'라고 할 수 있다. 카네기 기술연구소에서 조사한 바에 따르면, 전문성과 기술이 필요한 직장생활에서 성공하는 요인 중 약 15%는 전문적 지식이나 기술인 반면, 나머지 85%는 사람과의 관계에서 오는 인간경영기술에 있는 것으로 밝혀졌다고 한다. 하버드 대학 직업보도국이 졸업생 가운데 실직자를 대상으로 실직사유를 조사한 결과에 따르면, 일을 못해서 쫓겨난 사람보다 인간관계가 나빠 조직생활에 적응하지 못해 그만두었다고 생각하는 사람이 두 배 이상으로 나타났다고 한다.

통상적으로 직장생활에서 효과적으로 업무를 수행하기 위해서는 기능적 기술(technical skill), 개념적 기술(conceptual skill), 그리고 인간관계 기술(human relational skill)이라는 세 가지 기술이 필요하다. 여기서 기능적 기술은 조직 내에서 자기가 맡은 전문분야의 업무로서 주로 하위직에서 필요한 것인 반면, 개념적 기술이란 조직 전체의 업무방향을 기획하고 적재적소에 인재를 배치하거나 업무를 분담시켜 효율성과 생산성을 꾀할 수 있는 기술로서 상위직으로 올라갈수록 더 많이 요구되는 것이다. 그러나 인간관계 기술은 직장의 동료, 상사, 부하 직원들과 원만한 인간관계를 유지해 직장을 인간적인 정이 충만하여 일할 맛이 나고, 보람을 느끼는 삶의 현장으로 만들어 나가 궁극적으로는 효율성과 생산성 향상에까지

기여할 수 있는 기술로서, 어떤 지위에서나 공통적으로 필요하다고 할 수 있다.

03 직장에서의 바람직한 인간관계

1) 직장에서 원하는 바람직한 인간상

대다수 기업이 공통적으로 찾고 있는 '일을 시키고 싶은 사람', 즉, '인사담당자가 찾는 우수한 인재'의 조건을 들자면 다음과 같다고 한다.

① 뛰어난 인재(Great people)보다 적합한 인재(Right people)

② 커뮤니케이션 능력이 뛰어난 사람

③ 변화를 이끌어 내는 창의적 인재

④ 긍정적 사고와 열정을 가진 사람

⑤ 조직의 목표와 일치하는 인재

실제 직장생활에서 CEO나 직속상관이 선호하는 부하직원 상을 보면 다음과 같이 책임감이나 직무능력 못지않게 인간적인 면 역시 중요함을 알 수 있다.

① 성취지향적이고 자율적이며 책임감이 투철한 사람

② 직무를 원활히 수행할 수 있는 능력이 있는 사람

③ 애사심과 협동심이 높은 사람

④ 원만한 인간관계를 맺을 수 있는 사람

⑤ 단정한 용모와 매너가 있는 사람

2) 직장인으로서의 기본적 자세

집단 속에 있는 사람은 자신이 속해 있는 집단의 규범을 지켜야 하는데, 이러한 집단의 규범은 집단활동의 질서를 확립하기 위해 구성원에 의해 설정된 표준 또는 규칙으로서 개개인의 행동의 기반이 된다고 할 수 있다.

직장의 경우에도 직장인 상호 간에, 즉 상사는 상사로서 부하직원에게, 부하직원은 부하직원으로서 상사에게, 동료는 동료들 간에, 그리고 사무실 또는 사내에서의 기본적인 예절 등 지켜야 할 행동규칙과 규범이 있다. 이처럼 직장인으로서의 기본적인 자세를 갖추지 못한 사람은 결코 직장 내에서 바람직한 인간관계를 형성할 수 없으며, 결과적으로 성공적인 직장생활, 나아가 자신과 가족의 행복한 삶을 영위할 자격이 없다.

함께 일하고 싶은 사람	함께 일하고 싶지 않은 사람
• 회사와 직장동료들에 대해 적극적 관심을 갖고 있다. • 직무 수행에 성실히 임하며 일을 남에게 떠넘기지 않는다. • 변화를 적극적으로 수용하는 자세를 갖고 있다. • 높은 도덕성과 이타주의를 지향한다. • 용모단정하며 근면하고 협동적이다. • 긍정적·수용적이며 융통성이 있다.	• 신경질적이며, 다른 사람을 멸시하는 태도와 지나친 이기주의적 성향을 갖고 있다. • 자사 제품이나 자사에 대해 헐뜯거나 불평불만만 늘어놓는다. • 게으르고 위생 상태가 불량하다. • 마지못해 억지로 일을 하는 태도와 무사안일주의가 팽배하다. • 자기 일을 종종 남에게 떠넘긴다. • 음담패설이나 유쾌하지 못한 잡담으로 시간을 허비한다.

3) 직장에서 성공적인 인간관계를 위한 필수요소

① 상대방을 존중하라.

② 자기를 개방하라.

③ 정직하고 성실하라.

④ 모든 일에 협조적이어라.

⑤ 상대방에 대한 이해의 폭을 넓혀라.

⑥ 건설적인 비판을 수용하라.

⑦ 경청하는 자세를 가져라.

⑧ 소통 기술을 익혀라.

⑨ 자기 소신을 분명히 밝혀라.

⑩ 긍정적으로 사고하고 행동하라.

⑪ 상대방의 장점을 칭찬하라.

⑫ 유머감각을 살려라.

⑬ 융통성을 가져라.

⑭ 먼저 베풀어라.

⑮ 항상 친절하라.

12 Chapter

친인척과 인간관계

학습목표

1. 친인척의 의미를 이해한다.
2. 친인척관계의 호칭에 대해 살펴본다.

01 친인척의 의미와 관계

1) 친인척(親姻戚)이란?

친인척이란 일상생활을 공유하는 사람들의 집단인 가족의 범위를 넓혀 배우자를 중심으로 혈연과 혼인을 기초로 하여 상호 간에 관계를 가지는 사람으로서, 법률적으로는 친족(혈족)과 인척을 합친 말이며 일반적으로 친척이라고도 지칭한다. 현행 민법(777조)상으로는 친인척은 ① 배우자(핏줄은 아니지만 법률상으로는 친족관계), ② 8촌 이내의 혈족(혈연관계), ③ 4촌 이내의 인척(혼인으로 생긴 관계)으로 규정되어 있다. 1989년의 민법의 일부 개정 전에는, ① 8촌 이내의 부계혈족, ② 4촌 이내의 모계혈족, ③ 남편의 8촌 이내의 부계혈족, ④ 남편의 4촌 이내의 모계혈족, ⑤ 처의 부모, ⑥ 배우자로 되어 있던 것을 위와 같이 개정하였다.

배우자는 법률적 혼인에 의하여 결합된 남녀를 서로 배우자라 하며, 그 관계는 혼인의 성립(혼인신고의 수리)에 의하여 발생하며, 당사자 일방의 사망, 혼인의 무효·취소 또는 이혼으로 인하여 소멸된다. 사실상의 부부 혹은 부첩(夫妾)관계에 있는 자는 배우자가 아니고 법률적으로 사실혼 관계자로 분류된다.

2) 친족(親族)이란?

친족, 즉 혈족에는 자연혈족과 법정혈족(또는 준혈족, 인위혈족)이 있다. 자연혈족은 직계혈족과 방계혈족, 부계혈족과 모계혈족으로 구분할 수 있다. 직계혈족이란 수직적 혈연관계로서 직계존속인 조부모와 부모, 직계비속인 자식을 말하며, 방계혈족이란 형제자매, 형제자매의 직계비속(조카), 직계존속(부모)의 형제자매(삼촌·외삼촌이나 이모·고모), 그 형제자매의 직계비속(내외종형제자매)을 말한다. 부계혈족이란 부를 중심으로 하는 혈족관계(조부모, 백숙부, 고모 등)를 말하고, 모계혈족이란 모를 중심으로 하는 혈족관계(외조부모, 외숙부, 이모 등)를 말한다. 자연혈족관계는 사망으로 인하여 소멸하지만, 사망한 사람을 통하여 연결된 생존자와의 혈연관계에는 영향을 주지 않으므로, 부모가 사망하더라도 조부모와 손자 또는 형제자매 등의 상호 간의 관계는 소멸하지 않는다. 법정혈족이란 사실상 혈연관계가 없지만, 법률이 입양(入養)과 같은 사실에 입각하여 서로 자연혈족(양친족)과 같은 관계를 인정한 관계를 지칭한다. 양친족 관계는 입양 신고로 발생하고, 입양의 취소나 파양으로 해소된다. 1989년의 민법이 일부 개정되기 전에는 계모자관계와 적모서자관계가 법정혈족이었지만 폐지되어 인척관계로 되었다.

[별지 제1호 서식]

가 족 관 계 증 명 서(일 반)

등록기준지	서울특별시 영등포구 은행로 1234

구분	성 명	출생연월일	주민등록번호	성별	본
본인	김본인(金本人)	1975년 01월 01일	750101-1234567	남	金海

가족사항

구분	성 명	출생연월일	주민등록번호	성별	본
부	김양부(金養父)	1953년 01월 01일	530101-1234567	남	金海
모	이양모(李養母)	1954년 01월 01일	540101-2345678	여	全州
배우자	박여인(朴女人)	1978년 01월 01일	780101-2345678	여	密陽
자녀	윤양자(尹養子)	2009년 01월 01일	090101-4345678	여	坡平
자녀	김중삼(金中三)	2012년 01월 01일	120101-3234567	남	金海

위 가족관계증명서(일반)는 가족관계등록부의 기록사항과 틀림없음을 증명합니다.

년 월 일

○○시(읍·면)장 ○ ○ ○ 직인

※ 위 증명서는 「가족관계의 등록 등에 관한 법률」 제15조제2항에 따른 등록사항을 현출한 일반증명서입니다.

[별지 제4호서식]

친 양 자 입 양 관 계 증 명 서

등록기준지	서울특별시 영등포구 여의도동 1번지의 1234

구분	성 명	출생연월일	주민등록번호	성별	본
본인	김본인(金本人)	1965년 01월 01일	650101-1234567	남	金海

친양자입양사항

구분	성 명	출생연월일	주민등록번호	성별	본
친양자	김순희(金順姬) 사망	1995년 11월 11일	951111-2888888	여	金海

구분	상 세 내 용
입양	[친양자입양재판확정일] 2008년 03월 02일 [결정법원] 서울가정법원 [친양자] 정순희 [친양자의 주민등록번호] 951111-2888888 [신고일] 2008년 04월 03일 [신고인] 김본인 [처리관서] 서울특별시 영등포구

위 친양자입양관계증명서는 가족관계등록부의 기록사항과 틀림없음을 증명합니다.

년 월 일

○○시(읍·면)장 ○○○ 직인

3) 인척(姻戚)이란?

인척은 혈족의 배우자, 배우자의 혈족, 배우자의 혈족의 배우자를 지칭한다.

① **4촌 이내의 혈족의 배우자**: 예를 들면, 형제의 아내, 고모의 남편, 자매의 남편, 조카의 아내, 조카딸의 남편 등이 혈족의 배우자에 속한다.

② **배우자의 4촌 이내의 혈족**: 예를 들면, 배우자의 부모, 배우자의 조부모, 배우자의 형제자매, 배우자의 형제자매의 자녀, 배우자의 삼촌, 배우자의 사촌 형제, 배우자의 고모, 고모의 자녀 등이 배우자의 혈족이다.

③ **배우자의 혈족의 배우자**: 예를 들면, 배우자의 백부나 숙부의 아내, 배우자의 형제의 아내, 배우자의 고모나 이모 또는 자매의 남편은 배우자의 혈족의 배우자이다. 현재 민법(1989년 일부 개정, 제777조)상으로는 4촌 이내의 혈족의 배우자, 배우자의 4촌 이내의 혈족, 배우자의 4촌 이내의 혈족의 배우자만이 인척이며, 4촌을 넘는 인척은 관습상의 사돈이나 인척으로 남게 되고 법률상으로는 인척이 아니다. 또한 1998년의 민법 일부 개정 전에는 그 밖에도 '혈족의 배우자의 혈족(예를 들면 형제의 처의 부모)'도 인척이 되었으나, 현재는 관습상으로 사돈이 될 뿐 법률상의 인척은 아니다. 인척은 혼인에 의하여 발생하므로, 혼인의 무효나 취소, 이혼, 부부 일방의 사망 후의 재혼이라는 사실이 있으면 인척관계는 종료된다.

02 친인척 관계의 호칭

우리나라는 친인척 관계를 특유의 촌수와 호칭으로 나타내고 있는데, 촌수(寸數)는 씨족(氏族) 간의 멀고 가까움을 나타내기 위하여 고안된 숫자체계로써 필요에 따라 친인척에 대한 호칭으로도 사용하고 있다. 이 촌수계산에 따르면 논리적으로는 아무리 먼 씨족이라도 그 친소(親疎)의 정도를 표시할 수 있는 이점을 지닌 우리나라만의 고유한 문화이다. 한편, 친인척에 대한 호칭(呼稱)은 아주 복잡한 것처럼 여겨지고 있지만 한자어의 호칭은 종법(宗法)에 따라 나름대로 일정한 규칙이 있어 그 원리만 잘 알면 아주 쉽게 사용할 수 있다. 다만, 아주 가까운 친인척에 대해 사용하는 순 우리말 호칭에는 지역 혹은 심지어 집안에 따라 다르게 사용하는 경우가 있어 주의가 필요하다.

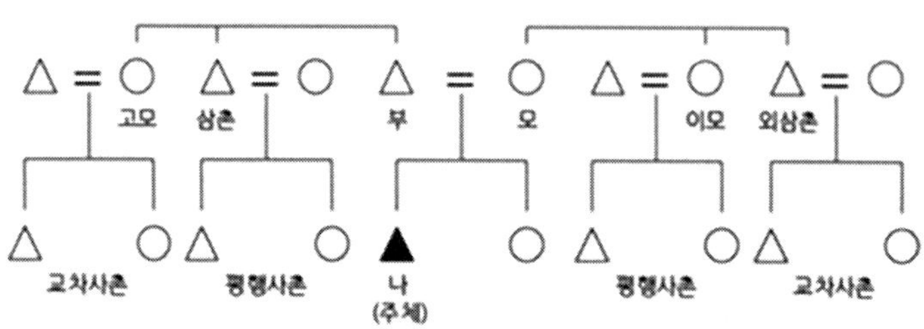

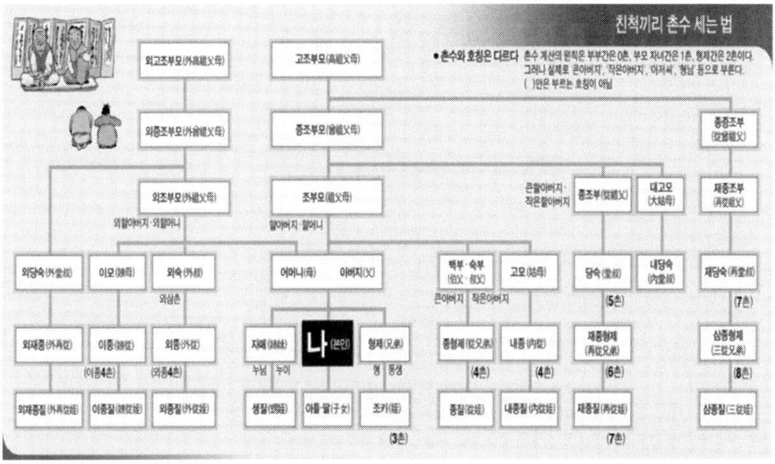
친척끼리 촌수 세는 법
● 촌수와 호칭은 다르다
외고조부모
고조부모
외증조부모
증조부모
종증조부
외조부모
조부모
종조부
대고모
재종조부
외할아버지·외할머니
할아버지·할머니
외당숙
이모
외숙
어머니
아버지
백부·숙부
고모
당숙
내당숙
재당숙
외삼촌
큰아버지 작은아버지
(5촌)
(7촌)
외재종
이종
외종
자매
나
형제
종형제
내종
재종형제
삼종형제
(이종4촌)
(외종4촌)
누님 누이
형 동생
(4촌)
(4촌)
(6촌)
(8촌)
외재종질
이종질
외종질
생질
아들·딸
조카
종질
내종질
재종질
삼종질
(3촌)
(7촌)

친가
외가
남편기준
아내기준
증조(증조할아버지)
3촌
대고모
(고모할머니)
4촌
조(할아버지)
2촌
종조
(큰할아버지)
4촌
내종숙
5촌
고모
3촌
부(아버지)
1촌
백숙부
(큰아버지)
3촌
종백숙부
(당숙)
5촌
내재종형제
(고종형제)
6촌
내종형제
(사촌)
4촌
자매
2촌
나
형제
2촌
종형제
(사촌)
4촌
재종형제
6촌
내재종질
7촌
내종질
(사촌조카)
5촌
생질
(조카)
3촌
자녀
1촌
질
(조카)
3촌
종질
(사촌조카)
5촌
재종질
7촌
내삼종손
8촌
내재종손
6촌
이손
4촌
손
2촌
종손
4촌
재종손
6촌
삼종손
8촌
1촌 2촌 3촌 4촌 5촌 6촌 7촌 8촌

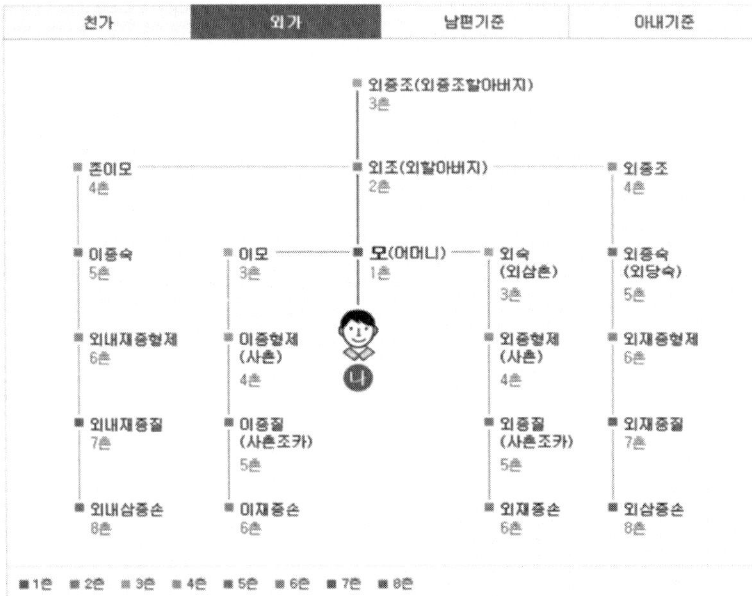

친가
외가
남편기준
아내기준
외증조(외증조할아버지)
3촌
존이모
4촌
외조(외할아버지)
2촌
외종조
4촌
이종숙
5촌
이모
3촌
모(어머니)
1촌
외숙
(외삼촌)
3촌
외종숙
(외당숙)
5촌
나
외내재종형제
6촌
이종형제
(사촌)
4촌
외종형제
(사촌)
4촌
외재종형제
6촌
외내재종질
7촌
이종질
(사촌조카)
5촌
외종질
(사촌조카)
5촌
외재종질
7촌
외내삼종손
8촌
이재종손
6촌
외재종손
6촌
외삼종손
8촌
1촌 2촌 3촌 4촌 5촌 6촌 7촌 8촌

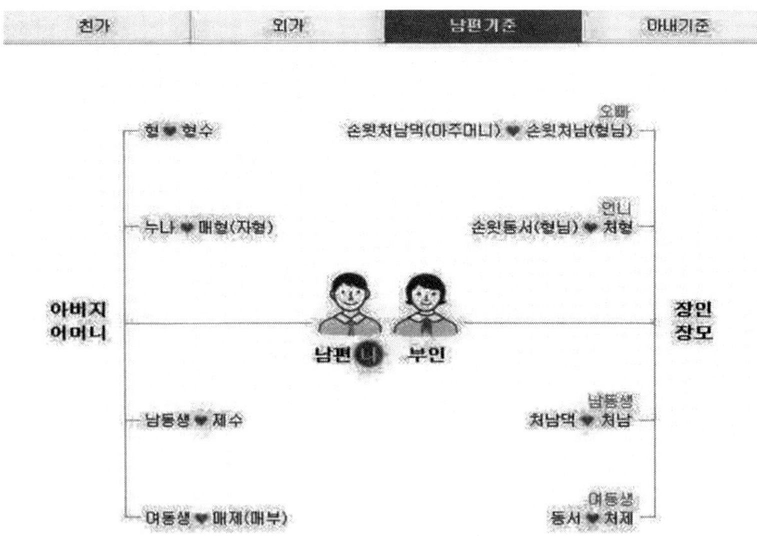

친가
외가
남편기준
아내기준
형 ♥ 형수
오빠
손윗처남댁(아주머니) ♥ 손윗처남(형님)
누나 ♥ 매형(자형)
언니
손윗동서(형님) ♥ 처형
아버지
어머니
남편 나 부인
장인
장모
남동생 ♥ 제수
남동생
처남댁 ♥ 처남
여동생 ♥ 매제(매부)
여동생
동서 ♥ 처제

친가	외가	남편기준	아내기준

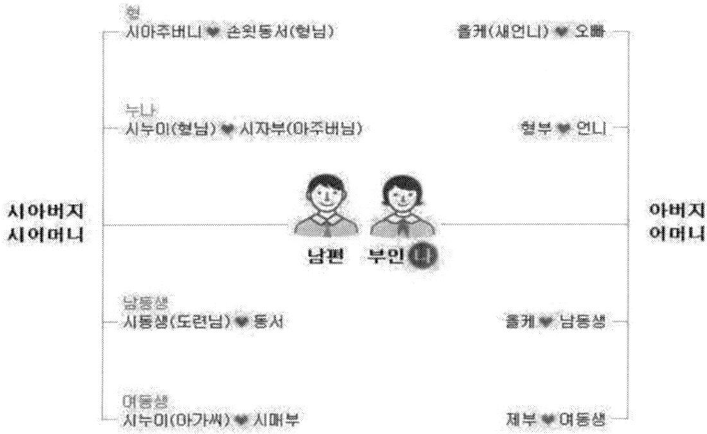

자기집안 호칭

호칭	관계
할아버지	아버지의 아버지
할머니	아버지의 어머니
증조할아버지	할아버지의 아버지
증조할머니	할아버지의 어머니
고조할아버지	증조할아버지의 아버지
고조할머니	증조할아버지의 어머니
며느리	아들의 아내
사위	딸의 남편
형수	형의 부인
제수	아우의 아내
매형	누이의 남편
매제	누이동생의 남편
큰 아버지	아버지의 큰형
큰 어머니	아버지의 형수
작은 아버지	아버지의 동생
작은 어머니	아버지의 제수
당숙	아버지의 사촌형제
당숙모	아버지 사촌의 부인
재당숙	아버지의 육촌형제
재당숙모	아버지 육촌의 부인
종조부	할아버지의 형제
종조모	할아버지의 형수,제수
종형제	아버지의 조카
종수	아버지의 조카며느리
재종형제	당숙의 아들
재종수	당숙의 며느리
조카	형, 아우의 아들 딸
조카며느리	조카의 아내
당질	사촌의 아들
당질부	사촌아들의 아내
종손	조카의 아들
재종손	육촌의 손자

처가집 호칭

호칭	관계
장인	아내의 아버지
장모	아내의 어머니
처백부	아내의 큰아버지
처백모	아내의 큰어머니
처숙부	아내의 작은 아버지
처숙모	아내의 작은 어머니
처남	아내의 남자 형제
처남댁	처남의 부인
처조카	처남의 아들, 딸
처조카며느리	처 조카의 아내
처형	아내의 언니
처제	아내의 여동생
동서	아내형제의 남편

시집의 호칭

호칭	관계
시아버지	남편의 아버지
시어머니	남편의 어머니
시숙, 시아주버니	남편의 형
동서	남편형제의 아내
시동생	남편의 아우
시누이	남편의 자매

고모집의 호칭

호칭	관계
고모	아버지의 여자형제
고모부	고모의 남편
당고모	아버지의 사촌누이
재당고모	아버지의 육촌누이
내종형제	고모의 아들, 딸
대고모	아버지의 고모

외갓집 호칭

호칭	관계
외할아버지	어머니의 아버지
외할머니	어머니의 어머니
외숙, 외삼촌	어머니의 남자형제
외숙모	외삼촌의 부인
외사촌	외삼촌의 아들, 딸
외종수	외삼촌의 며느리
외당질	외사촌의 아들, 딸
외당질부	외사촌의 며느리
진외당숙	아버지의 외사촌

사돈과의 호칭

호칭	관계
사돈과의 호칭	바깥사돈 (아들과 며느리 양가 아버지의 호칭)
사부인	안사돈(아들과 며느리 양가 어머니의 호칭)
사장	사돈의 아버지에 대한 존칭
노사장	사돈의 아버지 또는 할아버지
노사부인	안사돈의 어머니 또는 할머니
사돈도령	사돈의 미혼 아들에 대한 호칭
사돈댁 색시	사돈의 미혼 딸, 사돈 새아씨의 [illegible]

이모집의 호칭

호칭	관계
이모	어머니의 여자형제
이모부	이모의 남편
이종	이모의 아들, 딸
이종수	이모의 며느리
이질, 이질녀	여자형제의 아들, 딸
이질부	이질의 아내

13 Chapter 인맥관리

학습목표

1. 인맥관리의 중요성을 이해한다.
2. 인맥관리의 방법에 대해 살펴본다.

01 인맥관리의 중요성

인맥(personal connections)이란 사전적으로 '정계, 재계, 학계 또는 지연이나 학연 등 같은 계통이나 계열로 엮어진 사람들의 유대 관계'를 의미한다. 사회생활 속에서 사람들의 85%가 인간관계로 인해 스트레스를 받고 고민하는데, 성공한 사람의 85%가 자신이 인맥으로 성공했다고 말하고, 실패한 사람의 85% 역시 자신이 지식이나 노력 부족보다는 인맥이 없어 실패했다고 생각한다고 한다. 인맥이 때론 비정상적인 로비 수단이나 부정부패의 연결고리가 되는 등 부정적 측면이 없지 않은 것은 아니지만, 인맥관리 자체는 그만큼 우리 삶, 특히 사회생활에 있어서 무엇보다 중요한 요소라고 할 수 있다.

미국 예일대학의 사회학 교수 스탠리 밀그램(Stanley Milgram, 1933~1984)은 1960년대에 일종의 연쇄 편지 형식의 소포를 네브래스카 주(州)의 오마하에 살고 있는 160명에게 무작위로 보내는 실험을 실시했는데, 그 소포에는 보스턴에서 일하는 한 증권 중개인의 이름이 들어 있었으며, 밀그램은 이 소포를 받은 사람들에게 그 소포를 중개인과 가까운 사람에게 전달할 수 있다고 생각하는 사람에게 보내달라고 부탁했다고 한다. 그 소포를 받은 사람은 자기 생각에 중개인과 더 가까운 위치에 있을 것 같은 사람들에게 계속 소포를 보내면서 이 소포는 미국 전역 여기저기를 돌아다니게 되었다. 마침내 소포가 그 중개인에게 도착했으며, 절반 정도는 여섯 단계를 거친 것으로 나타나 이른바 '여섯 단계의 분리(six degrees of separation)'라는 용어가 만들어지게 되었다.

미국의 경제학자 로버트 라이시(Robert Reich)는 이와 같은 밀그램의 실험 결과를 토대로 기업의 영업판매직에게 무엇보다 중요한 인맥관리에 접목시켜 "인맥이라고 다 같은 것은 아니며, 사람마다 가지고 있는 인맥이 달라 중개인에게 도착한 소포의 절반 정도는 단지 세 사람만 거친 경우였다"면서, "영업판매직으로 성공하려는 사람에게 필요한 교훈은 평상시 많은 사람을 알고 있는 사람을 찾아내야만 한다"는 점을 지적하였다.

주간 대학신문 '씽굿'과 인터넷 취업사이트 「파워잡」에 따르면, 대학생 632명을 대상으로 '인맥관리 의식'에 대해 설문조사한 결과, 인생에서 인맥이 '매우 중요하다'는 대답이 69%, '다소 중요하다'는 응답자가 22.5%로 나타나는 등 90% 이상이 '인맥이 중요하다'고 응답하였으며, 또 다른 사람들이 인맥을 잘 활용하는 것에 대해 74.9%가 '능력 있어 보인다'고 대답해 인맥활용을 부정적으로 보는 시각인 23.9%보다 크게 높았다.

삼성그룹 회장 이건희는 "정보 시대에는 '어떻게 해야 하는가'라는 노하우(know-how)보다 엄청난 정보의 홍수 속에서 '어디에 가면 정보를 구할 수 있는가'를 아는 능력, 노웨어(know-where)가 더 중요해진다. 노웨어를 확충하는 데 가장 중요한 것이 인맥, 즉, 휴먼 네트워크(human-network)를 구축하는 일이다. 나도 기회 있을 때마다 임직원들에게 인맥의 중요성을 강조한다. 불황이라 절약하는 것도 좋지만 사람 사귀는 데에는 돈을 아끼지 말라고 한다"고 말했다.

02 인맥관리 잘하는 방법

1) 부지런해지기

인맥관리의 기본적인 자세는 바로 부지런함이다. 새로운 사람을 만나 명함을 주고받은 후, 명함 정리를 한다든지 바로 연락처를 저장하여 문자를 보내는 사람은 과연 몇이나 될까? 이처럼 전화번호나 그 사람과의 기록에 대해 잘 정리해 두거나, 정기적인 모임을 개최하고, 먼저 연락을 하는 등 사람들과의 관계에 있어 부지런한 자세는 기본이 되어야 한다.

2) 우물 안 개구리는 NO!

늘 자신이 생활하고 있는 회사, 학교, 동네를 벗어나 새로운 사람들을 만나려고 노력하자. 다양한 사람들을 만나다 보면 자신이 미처 몰랐던 정보가 많아질 뿐 아니라 새로운 인연도 맺을 수 있다. 나와 같은 취미나 성향이 비슷한 사람들의 모임에 참여하는 등 적극적으로 새로운 사람들을 만나보자. 물론 새로운 인맥을 만들었다고 해서 기존의 옛 지인을 소홀히 해서는 안 된다.

3) 약속 꼭 지키고 경조사 챙기기

약속은 당신의 얼굴이다. 작은 약속이라도 잘 관리하고 지키는 것이 인맥관리의 기본이며 그래야만 사람들의 신뢰를 얻을 수 있다. 만약 약속을 못 지킬 경우에는 그에 합당한 상황을 충분히 설명하고, 후에 개인적으로라도 만남을 가져야 한다. 또한 지인들의 경조사는 반드시 챙기도록 노력한다. 특히 부모를 잃은 슬픔을 위로하는 데 2~3만 원은 절대 아끼지 말아야 한다. 반드시 나중에 자신에게 다 돌아온다.

4) 명함, 연락처 관리를 잘하자.

대부분 받아놓은 명함에 대한 관리는 소홀해지기 마련이다. 명함을 받았을 때 상대방에 대한 정보나 받은 이미지, 느낌 등을 기록해 두면 후에 잊어버리지 않는다. 꼼꼼하게 연락처를 정리하고 자신에게 연결되어있는 인맥 네트워크를 만들어 보자. 스마트폰 또는 다이어리에 친구, 지인, 거래처 사람 등으로 분류하고 연락이 오랫동안 끊긴 사람들은 날짜를 정해 반드시 만난다. 스마트폰, 컴퓨터 등을 활용하여 틈틈이 연락처를 정리하도록 하자.

5) 항상 새로운 정보로 실력을 쌓아라.

좋은 인맥을 만들고, 관리하고, 활용하기 위해서는 자기가 활동하는 분야에서 전문가가 되어야 한다. 새로운 정보를 끊임없이 습득하고, 공부해야만 자신뿐만 아니라 사람들과의 관계도 더욱 풍성해지고 서로 간의 정보 공유가 이루어질 수 있다. 인간관계에서 정보를 주면 마음이 온다는 점을 기억하자. 가장 중요한 포인트는 상대방이 나로 인해 어떠한 것을 얻어 갔다는 느낌을 갖게 하는 것이다. 좋은 정보나 자료는 정리해서 지인들에게 보내보자.

6) 감정표현을 적절히 잘하라.

고마우면 고맙다, 미안하면 미안하다는 표현을 큰 소리로 말해라. 입은 말하라고 있는 것이다. 마음으로만 고맙다고 생각하는 것은 인사가 아니다. 남이 네 마음까지 읽을 만큼 한가하지 않기 때문이다. 자신의 감정을 표현한다는 것도 때에 따라서 용기가 필요한 일이다. 상대방에게 감정 표현을 잘하는 사람들은 결국 신뢰를 받고, 호감을 살 수 있다.

7) 옛 친구들을 꼭 챙겨라.

'구관이 명관이다'라는 격언이 있다. 새로운 네트워크를 만드느라 지금 가지고 있는 최고의 재산을 소홀히 하면 안 된다. 정말로 힘이 들 때는 누구에게 가서 울겠는가? 바로 자신의 주변부터 잘 챙겨야 한다. 서로 힘들 때 진심으로 힘이 되어줄 수 있는 진짜 친구 세 명만 있어도 그 인생은 성공한 인생이라고 한다. 오랜 기간 함께한 소중한 친구들부터 잘 챙기자.

8) 늘 옷을 잘 갖춰 입어라.

첫인상이 모든 것을 결정한다. 특히 새로운 사람들을 만나는 자리에서 더욱 옷차림에 신경써야 하는 것은 기본 에티켓이다. 평소에도 항상 유머와 미소로 사람들을 대하며 가능한 한 옷을 잘 입기 위해 노력해보자. 외모는 생각보다 중요한 요소이다. 할인점에서 열 벌 살 돈으로 좋은 옷 한 벌 준비해 두는 것이 더 현명하다.

9) 모두가 나의 인맥임을 알아두어라.

같이 일하는 동료, 거래처 직원은 물론 건물 내에 근무하시는 경비 아저씨, 청소 아주머니 등 모두에게 잘해드려야 한다. 중요한 정보의 발신지이자 소문의 근원이 될 수 있기에 모두가 나의 인맥이다. 평소 쌓아둔 공덕은 위기 때 빛을 발한다고 한다. 사람을 가려서 사귀지 말고, 인맥이 아니라고 느껴지는 사람들에게까지도 최선을 다해야 한다. 사람 일은 어디서 어떻게 일어날지 모르기 때문이다.

10) 항상 만나고 싶은 사람이 되어라.

'플랫폼'이 되라는 말이 있다. 플랫폼이란 많은 사람들이 지나다닐 수 있는 목 좋은 정거장이라는 뜻이다. 누가 다가오면 두렵고, 다가가기 싫거나 말도 꺼내기 싫은 사람이 아닌, 사람들이 많이 지나다닐 수 있고 교류할 수 있는 사람이 되어야 한다는 것이다. 자신과 남을 소중히 여기며 수많은 사람들이 나를 지나가게 하자. 예상치 못한 새로운 인연의 기회가 더 넓어질 것이다.

참고문헌

강길호·김현주(2003). 커뮤니케이션과 인간. 서울: 한나래.

강문희·이광자·박경(2003). 인간관계의 이해. 서울: 학지사.

강선보(1992). 마틴 부버의 만남의 교육. 경기: 양서원.

고철종(2007). 사람과 사람사이. 경기: 다산북스.

곽기상(1999). 심리학의 이해. 서울: 제동문화사.

권석만(2005). 젊은이를 위한 인간관계 심리학. 서울: 학지사.

권연옥(1997). 인간관계론. 서울: 학문사.

권오근(1990). 성공하는 사람이 이점이 다르다. 서울: 해냄출판사.

권정호 외(2010). 인간관계와 리더십. 경기: 양서원.

권중돈(2005). 인간행동과 사회환경. 서울: 학지사.

김건태(1995). 조직행동론. 서울: 금문사.

김계현(1999). 상담심리학. 서울: 학지사.

김미숙 외(2002). 가족의 사회학적 이해. 서울: 학지사.

김상원(2000). 성교육 / 성상담의 이론과 실제. 서울: 교육출판사.

김시업(1997). 생활적응을 위한 심리학. 서울: 문음사.

______(2001). 결혼과 가정. 서울: 학지사.

김영애(2004). 사티어 의사소통 프로그램. 서울: 김영애가족치료연구소.

김영한 외(2005). 청소년 문제행동 종합대책 연구. 서울: 청소년 개발원.

김유숙·박승호(2007). 자기실현과 정신건강. 서울: 학지사.

김은경·이규은(2014). 인간관계론. 서울: 동문사.

김은성(2009). 오바마처럼 연설하고 오프라처럼 대화하라. 서울: 위즈덤하우스.

김은영(2017). 인간관계의 이해와 적응. 서울: 동문사.

김정기(2003). 현대사회의 인간관계론. 서울: 학문사.

김정옥(2001). 청년 성교육. 경기: 양서원.

김정희 외(1998). 현대 상담·심리치료의 이론과 실제. 서울: 중앙적성출판사.

김정호·김선주(2002). 스트레스 이해와 관리. 서울: 시그마프레스.
김종재(2010). 지식사회의 인간관계. 서울: 박영사.
김중술(1997). 신사랑의 의미. 서울: 서울대학교출판부.
김진(2018). 칸트와 종교. 서울: 세창출판사.
김진호 외(2006). 유아정신건강. 서울: 동문사.
김춘경 외(2006). 청소년 상담. 서울: 학지사.
김형태(2000). 상담의 이론과 실제. 서울: 동문사.
김혜련 외(2001). 정신건강론. 서울: 학지사.
김혜숙 외(2016). 인간관계론. 경기: 양서원.
나은영(2002). 인간 커뮤니케이션과 미디어. 서울: 한나래.
노안영·강영신(2018). 성격심리학(인간 이해 및 성장을 위한). 서울: 학지사.
노중균(2006). 인간관계론. 서울: 산문출판.
노지양 역(2010). 인간관계의 기술. 서울: 미래지식.
데일카네기 저. 박창조 역(2005). 기적을 부르는 카네기 인간관계론. 서울: 아름다운 사회.
__________. 손풍삼 편역(1993). 사람의 마음을 움직여라. 서울: 고려원.
__________. 조용기 편역(2007). 인간관계의 7가지 법칙. 서울: 브라운 힐.
로버트 슐러 저. 김주영 편저(2007). 성공을 부르는 인간관계 법칙 90. 서울: 백만문화사.
로널드 앨더 저. 김인자 역(1988). 인간관계와 자기표현. 서울: 중앙적성출판사.
류기현(1982). 인간관계론. 서울: 무역경영사.
류현수·이정숙·김주아(2007). 가족관계와 복지. 서울: 동문사.
민경환(2002). 성격심리학. 경기: 법문사.
박문태 외(2003). 정신건강. 울산: 울산대학교출판부.
박선환 외(2001). 정신건강론. 경기: 양서원.
박연호(1968). 인간관계론의 이론과 실제. 서울: 한국생산성본부.
박연호(1997). 교사와 인간관계론. 경기: 법문사.
_____(2006). 현대인간관계론. 서울: 박영사.
박장호·이인재 역(1996). 윤리학사전. 서울: 백의.
배영기(1994). 한국직업윤리이론. 경기: 양서원.
백현기 · 김진은(1984). 학교경영에 있어서 인간관계의 연구. 서울: 배영사.

법 릭 브린크먼 저. 전상길 역(1996). 골치아픈사람 다루는 법. 서울: 창현출판사.
사티어 저. 한국버지니아사티어연구회 역(2000). 사티어 모델(가족치료의 지평을 넘어서). 서울: 김영애가족치료연구소.
설기문(1997). 인간관계와 정신건강. 서울: 학지사.
송석훈(2010). 인간관계와 커뮤니케이션. 서울: 문창사.
스티븐 코비 저. 김경섭 역(1998). 성공하는 가족들의 7가지 습관. 서울: 김영사.
스턴버그 저. 류소 역(2002). 사랑의 기술. 서울: 사군자.
밥월 저. 이화용 역(2007). 감성 코칭 리더십. 서울: 지평.
방선욱 외(2003). 심리학의 이해. 서울: 교육과학사.
서동인(1992). 청소년의 친구관계. 한국청소년연구, 15(12).
설기문(1997). 인간관계와 정신건강. 서울: 학지사.
송명자(1995). 발달심리학. 서울: 학지사.
송운석(1999). 인간관계의 이해. 서울: 학현사.
송정아 외(2002). 가족치료의이론과 기법. 서울: 하우.
안범휘(2010). 대인관계론. 서울: 태양출판사.
안병철(1997). 사회변동과 가족. 서울: 미래인력연구소.
안영진(2007). 현대인의 정신건강. 경기: 양서원.
양옥남(2000). 현대 사회의 성·사랑. 서울: 강남대학교출판부.
양참삼(1999). 인간관계론. 서울: 경문사.
에리히 프롬 저. 황문수 역(2002). 인간의 마음. 서울: 문예출판사.
______________. 정성호 역(2015), 사랑의 기술. 서울: 범우.
우중하(2000). 인간심리의 이해. 서울: 교육과학사.
원호택 외(2003). 인간관계와 적응. 서울: 서울대학교출판부.
웨인 와이턴 저. 김정희 외 역(2005). 생활과 심리학. 서울: 시그마프레스.
유기설·김명소(2004). 개인-조직 성격 부합과 수행 간의 관계에 대한 탐색적 연구. 한국 산업 및 조직심리학회(편). 사오정 시대의 경력개발과 생애관리.
유기현·송병선·권용만(2008). 인간관계론. 서울: 무역경영사.
유수현(1998). 인간관계훈련 프로그램. 서울: 한국청소년 연맹.
유수현 외(2009). 인간관계론. 경기: 양서원.
유용미·황소영(2003). 세상에서 가장 든든한 인맥지도를 그려라. 서울: 아라크네.
윤가현 외(2011). 심리학의 이해. 서울: 학지사.

윤기현(1991). 인간관계론. 서울: 무역경영사.
______(2001). 성문화와 심리. 서울: 학지사.
윤운성(2006). 에니어그램과 인간관계. 서울: 한국가이던스.
이규은·정석용(2009). 자기계발과 직업. 서울: 동문사.
이동길 옮김(1994). 성공하려면 폭 넓은 대인관계를 만들어라. 서울: 꿈이 있는 집.
이성태(2006). 인간관계론. 경기: 양서원.
이숙 외(2002). 훈련중심 부모교육. 서울: 학지사.
이은해 외(1999). 대학생의 친구에 대한 만족감과 친구의 기능 및 친구 관계망의 일반적 변인간의 관계. 교육학연구, 37(3).
이인혜(1991). 스트레스 및 대처가 신체지각에 미치는 영향. 한국심리학회지: 건강, 4(1).
이장호·금명자(1992). 상담연습교본. 경기: 법문사.
이재창 외(2000). 인간관계론. 경기: 문음사.
이종주 편저(1994). 사람을 읽으면 세상이 즐겁다. 서울: 실록출판사.
이주희 외(2008). 인간관계론. 경기: 공동체.
이춘재 외(1994). 청년심리학. 서울: 중앙적성출판사.
_________(2000). 학교에서의 집단따돌림. 서울: 집문당.
이태연 외(2006). 생활 속의 정신건강. 서울: 신정.
_________(2009). 인간관계의 이해. 서울: 신정.
이한검(1996). 현대적 인간관계론. 서울: 형설출판사.
______(2001). 인간행동론. 서울: 형설출판사.
이현림 외(2003). 현대진로상담. 서울: 학지사.
이현수(1997). 건강과학개론. 서울: 중앙대학교출판부.
임갑빈(1997). 인간관계론. 서울: 동문사.
임승권(1991). 정신위생. 경기: 양서원.
임영식(2000). 청소년 심리의 이해. 경기: 학문사.
임영제 외(2007). 인간관계의 이해. 경기: 법문사.
임칠성(1995). 대인관계와 의사소통. 경기: 집문당.
장동운(1997). 갈등관리. 서울: 무역경영사.
정석용 외(2007). 여대생 진로와 직업. 경기: 동서울대학 종합인력센터.
장선철(2005). 인간의 이해. 서울: 태영출판사.

장성화(2014). 쉽게 풀어 쓴 인간관계론. 서울: 동문사.
장현갑·강성균 공역, Jane Cran Well-Ward 지음(1998). 현대인의 스트레스 관리. 서울: 학지사.
장휘숙(1996). 여성심리학. 서울: 장승.
______(1999). 청년심리학. 서울: 학지사.
정계숙 외(2007). 부모교육. 경기: 창지사.
정준희 역(2007). 내 인생에 부족한 2% 프렌드십. 서울: 해냄출판사.
정옥분(2015). 청년 심리학. 서울: 학지사.
정진선·문미란(2008). 인간관계 심리의 이론과 실제. 서울: 시그마프레스.
정채봉(2006). 처음의 마음으로 돌아가라. 서울: 샘터.
장현갑·강성균(2003). 스트레스와 정신건강. 서울: 학지사.
전대양(2000). 신종 10대 매매춘의 실상과 대책－원조교제를 중심으로. 형사정책연구.
정연집(1997). 현대인의 정신건강. 서울: 학지사.
정옥분(2005). 청년심리학. 서울: 학지사.
______(2006). 사회정서발달. 서울: 학지사.
정현숙 외(2001). 가족관계. 서울: 신정.
조남두·윤경원(2010). 인간관계론. 서울: 동문사.
조성대 외(2002). 인간관계의 이해. 서울: 동림사.
조세핀 킴(2011). 우리 아이 자존감의 비밀. 서울: 서울문화사.
존 로메로 저. 국순옥 역(1995). 스트레스 어떻게 극복할 것인가. 서울: 민지사.
조수환(2001). 건전한 삶을 위한 정신건강. 서울: 동문사.
지용근 외(2004). 인간관계론. 서울: 박영사.
최애경(2002). 인간관계의 이해와 실천. 서울: 무역경영사.
최외선 외(2003). 결혼과 가족. 서울: 정림사.
추정선(2003). 정신위생과 심리치료. 서울: 교육과학사.
______(2005). 상담교육을 위한 이상심리학의 이해. 서울: 교육과학사.
태연 외(2006). 인간관계의 이해. 서울: 신정.
페이스 알 엘리엇(1993). 가족과 사회. 서울: 을유문화사.
프란실화이어버(1991). 가족자원관리(가정학강좌 1). 서울: 한울.
한국여성연구회(1995). 여성학 강의: 한국여성 현실의 이해. 서울: 동녘.

한국청소년개발원(2000). 청소년문제론. 서울: 교육과학사.
한국청소년연맹(2006). 인간관계 훈련의 이론과 실제. 경기: 양서원.
한규석(1995). 사회심리학의 이해. 서울: 학지사.
한태영(2013). 갈등관리에 대한 직무탈진의 영향. 조직과 인사관리 연구. 전북: 한국인사관리학회.
함인희(1998). 사랑을 읽는다. 서울: 출판시대.
홍경자(2007). 자기주장과 멋진 대화. 서울: 학지사.
홍대식(1998). 현대심리학개론. 서울: 청암미디어.
홍용기 외(2003). 인간관계론. 서울: 한울
황진우(1997). 공동체적 삶을 위한 인간관계론. 서울: 학문사.
______(2006). 인간관계론. 서울: 학문사.

Abound, F. E., & Mendelsom, M. J.(1996). *Friendship selection and quality*. In W. W. Bukowski, A. f. Newcomb, & W. W. Hartup(Eds), The company they keep: Friendship in childhood and adolescence(pp. 87-1112). New York: Cambridge University Press.
Adams, J.(1965). *Inequity in social exchange*. In L. Berkowitz(Eds.) Advances is experimental social psychology, Vol. 2, NY: Academic press.
Adler, M. J.(1976). *Some questions about language*. La Salle, I11., Open Court.
Aldrich, Howard E.(1979). *Organizations and Environments*. Englewood Cliffs, New Jersey : Prentice-Hall Inc.
Allport, G.(1954). *The nature of prejudice*. Reading. M.A.: Addison-wesley.
_________(1961). *Pattern and growth in personality*. New York: Holt Rinehart & Winston.
Anderson, C. and D. Anderson(1985). Ambient Temperature and Violent Crime: Test of Linear and Curvilinear Hypotheses, JPSP, 46.
Anderson, J. R.(1988). *The Role of Hope in Appraisal, Goal-Setting, Expectancy about Future Success, and Coping*. Doctoral Dissertation. University of Kansas.
Anderson, N.(1968). Likableness ratings of 555 personality-trait words. *Journal of Personality and Social Psychology*, 9.

Ansbacher, C. D., & Ansbacher, R. B.(Edit).(1956). *The individual psychology of Alfred Adler*. New York: Harper & Row.

Argyle, M. & Furnham, A.(1982). The ecology or relationships: Choice of Situations as a function of relationship, *Birtish Journal of Social Psychology*, 21.

Aronson, E., & Linder, D.(1965). Gain and loss of esteem as determinants of interpersonal attractiveness, *Journal of Experimental and Social Psychology*, 66.

Ayer, A. J.(1997). *The Problem of Knowledge*. Penguin Books.

Bandura, A.(1982). *The Self-efficacy Mechanism in Human Agency*. American, Psychologist.

__________(1997). *The Self-efficacy: The Exercise of Control*. New York: W. H. Freeman and Company.

Barnard, Chester I.(1938). *The Function of the Executives*. Cambridge Mass: Harvard University Press.

________________(1946). *The Nature of Leadership: Human Factors in Management*. New York: Harper & Row.

Bar-On, R.(2006). The Bar-On model of emotional-social intelligence(ESI). *Psicothema*, 18.

Barr, Arvil Sylvester(1947). *Supervision: Democratic Leadership in the Improvement of Learning*. D. Appletion-Century Company, Inc..

Bate, F. L. and V. K. Murray(1975). The School as a Behavior System. *Journal of Research and Development in Education*.

Baumeister, R. F., Campbell, J. D., Krueger, J. I., & Vohs, K. D.(2003). Does high self-esteem cause better performance, interpersonal success, happiness or healthier lifestyles? *Psychological Science in the Public Interest*, 4(1).

Baumrind, D.(1982). *Are androgynous individuals more effective persons and parents?* Child Development, 53.

Baumrind, D., & Black A. E.(1967). Socialization practices association with dimensions of competence in preschool boys and girls. *Child Development*, 3892.

Beck, A. T. and Freeman, A. M.(1990). *Cognitive Therapy of personality Disorders*. New York: Guilford Press.

Bee, H.(1999). *The Developing Child*(9th ed.). New York: Harper and Row.

Bennis, Warren G.(1970). *American Bureaucracy*. Aldinen pub. Co..

Benson, J. Kenneth(1977). Innovation and Crisis in Organizational Analysis, *Sociological Quarterly*, 18(1). Winter.

Berkowitz, L.(1974). Some Determinants of Impulsive Aggression, *Psychological Revies*, 81. 165-176.

Bernard, M. B.(1981). Stogdill's Handbook of leadership: A study of theory and differences in perceptions of fairness. *Journal of Cross-Cultural Psychology*, 16.

Berndt, T, J.(1982). The features and effects of friendship in early adolescence. *Child Development*, 53.

__________(1996). *Exploring the effects of friendship quality on social development*. In W. M. Bukowski, A. F. Newcomb, & W. W. Hartup. The company they keep: Friendship in childhood and adolescence(pp 346-365). New York: Cambridge University Press.

Berne, E.(1964). *Games People Play. The Psychology of human relationships*. New York: Grove Press.

Bernstein, J. M., & Lacy, S.(1992). Contextual coverage of government by local television news. *Journalism Quarterly*, 69.

Bidwell, C. E.(1974). *The School as a Formal Organization, in Handbook of Organizations*. ed., J. G. March, Chicago: Rand McNally.

Blake, Robert R. et al.(1964). *Breakthrough in Organization Development*. Harvard Business Review(Nov.~Dec.).

Blake, Robert R. & Jane S. Mouton(1964). *The Managerial Grid. Houston*. Texas: Gulf Publishing.

Blau, Peter M.(1964). *Exchange and Power in Social Life*. New York: John Wiley and Sons, Inc.

Botwinick, J.(1977). *Intellectual Abilities*. In J. E. Birren and K. W. Schae(Eds.), Handbook of the Psychology of Aging. New York : Van Nostrand.

Bowlby, J.(1969). Attachment and loss(vol. 1): *Attchment*. New York: Basic Books.

Boykin, Leander L.(1955). Let's Get It Straight: What are Human Relations?, *The Social Studies*, Vol. 46, No.2.

Brown, J. D.(1998). *The Self*. New York: McGraw Hill.

Buhrmester, D.(1990). Intimacy of friendship, interpersonal competence, and adjustment during preadolescence and adolescence. *Child Development*, 61.

Buhrmester & Furman, W.(1987). The deveiopment of companionship and intimacy. *Child Development*, 58.

Burns, M.(1978). *Leadership*. N.Y.: Harper & Row.

Buss, D. M.(1989). Sex differences in human mate preferences: Evolutionary hypotheses tested in 37 cultures. *Behavioral and Brain Sciences*, 12.

Cannon, W.(1932). *The Wisdom of the Body*. New York: Norton.

Charles Cooley(1909). *Social Organization*. New York: Scribner. 61.

Chung & Megginson(1981). *Organizational Behavior*. Harper & Row.

Conger, J. J.(1984). *Adolescence and Youth*. New York: Haper & Row Publishers, Inc, 15.

Cowgill, D. O., & Holmes, L. D.(1972). *Aging and modernization*. N.Y.: Appleton Century Crofts.

Crocker, J., & McGram, K. M.(1984). What's good for the goose is not good for the gander: Solo status as an obstacle to occupational achievement for males and females. *American Behavioral Scientist*, 27.

Curry, N. E., & Johnson, C. N.(1990). Beyond self-esteem: Developing a genuine sense of human value. In Research Monograph of the National Association for the Education of Young Children (Vol. 4). Washington DC: NAEYC.

Damon, W., & Hart, D.(1982). The development of self-understanding from infancy through adolescence. *Child Development*, 53.

Davis, K..(1959). *Management Communication and the Grapevine*. Harvard Business Review, 31.

__________(1959). *Human Relations in Business*. New York: McGraw-Hill.

______(1972). *Human Behavior at Work: Human Relations and Organi-zational Behavior*. New York: McGraw-Hill.

Davis, K. E., & Todd, M. J.(1982). *Friendship and love relationships*. In KE. Davis, Advances in descriptive Psychology. Greenwich, CT: JAI Press.

De Dreu, C. K. W., Evers, A., Beersma, B., Kluwer, E. S., & Nauta, A.(2001). A theory-based measure of conflict management strategies in the workplace. *Journal of Organizational Behavior*, 22.

Denissen, J. J., Zarrett, N. R., & Eccles, J. S.(2007). *I like to do it, I'm able, and I know I am: Longitudinal couplings between domain-specific achievement, self-concept, and interest*. In L. E. Berk (Ed.), Child Development (Vol. 8, pp. 457). Pearson: Allyn & Bacon.

Dickens, W. J., & Perlman, D.(1981). Friendship over the life-cycle. In S. W. Duck & R. Gilmour(Eds.). Personal relationships 2: *Developing personal relationships*. New York: Academic Press.

Dohnt, H., & Tiggemann, M.(2006). The contribution of peer and media influences to the development of body satisfaction and self-esteem in young girls: A prospective study. *Developmental Psychology*, 42(5).

Donnellan, M. B., Trzesniewski, K. H., Robbins, R. W., Moffitt, T. E., & Caspi, A.(2005). Low Self-esteem is Related to Aggression, Antisocial Behavior and Delinquency. *Psychological Science*, 16(4).

Douvan, E., & Adelson, J.(1966). *The adolescent experience*. New York: Wiley.

Dreikurs, R.(1991). *The Challenge of Child Training: A Parent's Guide*. New York: Hawthorn Books, Inc.

East, P. L.(1991). Peer status groups. In R. M. Lerner, A. C. Petersen, & J. Brooks- Gunn(Eds.). *Encyclopidea of adolescence*(vol. 2). New York: Garland.

Elkins, L, E., & Peterson, C.(1993). Gender differences in best friendships. *Sex roles*, 29.

Ellenson, A.(1982). *Human Relations*. New Jersey: Prentice-Hall.

Ellis, A.(1962). *Reason and emotion in psychotherapy*. New York: Lyle Stauart.

Ellis, A., To & Dryden, W.(1987). *Practice of the Racional-Emotiva Therapy.*

Bilbao. Desclee de Brouwer.

Ellis, H. D.(1982). The Effect of Cold on the Perfermances of Serial Choice Reaction Time and Various Discrete Task. *Human Factor*, 24.

Erikson, E. H.(1963). *Childhood & Society*(2nd ed), New York: Norton.

____________(1968). Identity and the life cycle Psychological Issue. Monograph 1. No. 1, New York: International Universities Press.

____________(1986). *Vital Involvements in Old Age in Our Time*. Boston: W. W. Norton.

Etzioni, Amitai(1964). *Modern Organizations. Englewood Cliffs*. New Jersey: Prentice-Hall.

Fayol, H.(1949). *General and Industrial Management.(trans). by Constance Stores*. London: Sir Issac Pitman & Sons.

Fehr, B.(1996). *Friendship Processes*. Thousand Oaks: Sage.

Fehr, B. & Russell, J. A.(1991). The concept of love viewed from a prototype perspective. *Journal of personality and Social psychology*, 60(3).

Festinger, Leon(1957). *A Theory of Cognitive Dissonance*. Evanston, Ill: Row, Peterson.

Fiedler, F. E.(1993). The leadership situation and the black box in contingency theories. In M. M. Chemers & R. Ayman(Eds.), *Leadership theory and research: Perspectives and directions*(pp.1~28). San Diego: Academic Press.

Follett, M. P.(1924). *Creative Experience. London*. Longmans and Green.

____________(1940). Constructive conflict. In H. C. Metcalf & L. Urwick (Eds.), *Dynamic administration: The collected papers of Mary Parker Follett*(pp. 30-49). New York: Harper.

Forsyth, D. R.(2001). *Group dynamics*. Belmont, CA: Wadsworth.

Fred E.(1963). *A Theory of Effectiveness*. New York: McGraw-Hill Book Co.

Furman, W.(1996). The measurement of friendship perceptions: Conceptual and methodological issues. In W. M. Bukowski, A. F. Newcomb, & W. W. Hartup. *The company they keep: Friendship in childhood and adolescene*(pp 41-65). New York: Cambridge University Press.

Furnham, A., & Cheng, H.(2000). Lay theories of happiness. Journal of Happiness Studies, 1.

Galvin, K. M., & Brommel, B. J.(1986). *Family Communication Cohesion and change.* 2nd ed. Illinois: Sott, Foresmand and Company.

Ghiselli, Edwin E. and C. Brown(1955). *Personnel and Industrial Psychology.* New York: Mc Graw-Hill.

Gibb, Cecil A.(1954). *Leadership' in Handbook of Psychology*, Gardner Lindzey, ed. Cambridge Mass.: Addison-Wesley Publishing Co.

Gibbson, William(2004). *Neuromancer.* Ace Books.

Ginzberg, E.(1972). *Toward a theory of vocational choice.* A restatement. Vocational Guidance Quarterly, 20.

__________(1984). Career Development. In Brown, D., & Brooks, L.(Eds.). *Career Choice and Development.* San Francisco: Jossey-Bass.

Goleman, D.(1995). *Emotional Intelligence.* New York: Bantam Books.

Greenberg, David F.(1977). *Corrections and Punishment.* Sage Publications.

Griffiths, Daniel E.(1956). *Human Relations in School Administration.* New York : Applenton-Century-Crafts.

Guay, F., Larose, S., & Boivin, M.(2004). Academic self-concept and educational attainment level: A ten-year longitudinal study. In L. E. Berk (Ed.), *Child Development*(Vol. 8, pp. 457). Pearson: Allyn & Bacon.

Gulick, Luther and Lyndall Urwick(ed)(1937). *Papers on the Science of Administration.* New York: Institute of Public Administration, Columbia University.

Haimann, T. and William G. Scott(1974). *Management in the Modern Organization.* Boston: Houghton Mifflin Co..

Hall, E. T.(1966). *The hidden dimension.* Garden City, N.Y.: Doubleday.

Halpin, Andrew W.(1955). The Leader Behavior and Leadership Ideology of Educational Administrations and Aircrafts Commanders, Harvard Educational Review, No. 25, Winter.

______________(1959). *The Leadership Behavior of School Super-intendents.* Chicago: Midwest Administration Center, The University of Chicago.

_______________(1966). *Theory and Research in Administration.* New York : MacMillan.

Happycampus.com/Business/F3175954.html(9K).

Harold Koontz, C. O'Donnell & H. Weihrich(1980). *Management.* New York: McGraw Hill.

Harris, T. A.(1969). *I'm OK - You're OK: Practical guide to transactional analysis.* Harper & Row. New York.

Harter, S.(2003). The development of self-representations during childhood and adolescence. In M. R. Leary, & J.P. Tangney(Eds.), *Handbook of Self and Identity*(pp. 610 - 642). New York: Guilford.

_______(2006). The self. In N. Eisenberg, W. Damon & R. M. Lerner(Eds.), *Handbook of Child Psychology*(pp. 505-570). Hoboken, N.J.: John Wiley & Sons.

Hartup, W. W.(1983). Peer relations. In Hetherington(Eds.). *Handbook of Child Psychology: Socialization, social development and personality.* New York: Wiley.

__________(1995). The company they keep: Friendships and their developmental significance. *Child Development,* 67(1).

Hartup, W. W., & Stevens, N.(1997). Freindships and adaptation in the life course. *Psychological Bulletin,* 121(3).

Hazan, C., & Shaver, P. R.(1987). Romantic love conceptualized as an attachment process. *Journal of Personality and Social Psychology,* 52.

Herr, E. L., & Crammer, S. H.(1979). *Career Guidance Through the Life Span.* Boston: Little, Brown.

Hersey, Paul and Kenneth H. Blanchard(1966). *Management of Organizational Behavior.* New Jersey: Prentice-Hall.

Hodgetts, Richard M.(1975). *Management: Theory, Process, and Practice.* Lincoln, Nebraska: The University of Nebraska Press.

Holland, J. L.(1973). *Making vocational choices: A theory of careers Englewood Cliffs.* NJ: Prentice-Hall.

__________(1985). *Making Vocational Choice: A Theory of Vocational*

Personalities. and Work Environments. Englewood Cliffs, NY: Prentice-Hall. Behavior, 10.

Holmes, T. H., & Rahe, R. H.(1967). The social readjustment rating scale. *Journal of Psychosomatic Research*, 11.

Jennings, Eugene E.(1961). The Anatomy of Leadership, Management of Personnel Quarterly, no.1, Autumn.

Jennings, H. H.(1943). *Leadership and Isolation.* New York: Long Means Green.

Jones, G., & Dembo, M.(1989). Age and sex role difference in intimate friendships during childhood and adolescence. *Merrill-Palmer Quarterly*, 35.

Joong Shik Shin(1975). A Study of the Relationships Among the Principal's Style, Teacher's Need Orientation and the Degree of Teacher's Satisfaction with their Principals Job Performance. Unpublished ED. D. Dissertation, University of Kentucky.

Jourard, S. M.(1958). Some Factors in Self-Disclosure, *Journal of Abnormal and Social Psychology*, Vol 34.

___________(1971). *Self-disclosure. An Experimental Analysis of the Transparent Self.* New York: Wiley.

Jung, C. G.(1945). The relations between the ego and the unconscious(R. F. C. Hull, trans.). The collected works of C. G. Jung(Vol. Ⅶ). *Two essays in analytic psychology*. Princeton; Princeton University Press.

Kandel, D.(1978). Similarity in Real-life adolescent friendship pairs. *Journal of Personality and Social Psychology*, 36.

Katz. R. L.(1955). Skills of an effective administrator, *Harvard Businness Review*, 33(1).

Kelley, H. H.(1983). Love and commitment In Kelley et al. Close relationahips.

Kerckhoff, A. C., & Davis, K. E.(1962). Value consensus and need complementarity in mate selection. *American Sociological Review*, 27.

Kerckhoff, A. O., & Neugarten, B. L.(1984). Age and the life course. In R. H. Binstock, & E. Shanas(Eds.), *Handbook of aging and the social sciences*(2nd ed.). New York: Van Nostrand Reinhold Co.

Killer, H. H., & Stahelski, A. J.(1970). Social interaction basis of cooperators and competitors beliefs about others. *Journal of Personality and Social Psychology*, 16.

Kling, K. C., Hyde, J. S., Showers, C. J., & Buswell, B. N.(1999). Gender differences in self-esteem: a meta-analysis. *Psychological Bulletin*, 125(4).

Knapp, M. L., & Hall, J. A.(1997). *Nonverbal Communication in Human Interaction*. New York: Holt Rinehart and Winstion.

Koontz, Harold and Cyril O, Donnell(1972). *Principles of Management: An Analysis of Managerial Functions*. New York: McGraw-Hill.

Kostelnik, M. J., Whiren, A. P., Soderman, A. K., & Gregory, K. M.(2009). *Guiding Children's Social Development and Learning*(6th ed.). Clifton Park, NY: Delmar.

Krech, D. et. al.(1962). *Individual in Society*. New York: Mc Graw Hill Book Co. Inc.

Laibile, D. J., & Thompson, R. A.(2007). Motherchild discourse, attachment security: shared positive affect, and early conscious development. *Child Development*, 71.

Lasswell, M., & Lobsenz, N. M.(1980). *Styles of loving*. New York: Doubleday.

Lauer, J., & Lauer, R.(1985). Maniage made to Last. Psychology Today.

Lazarus, R. S.(1993). From psychological stress to the emotions: A history of changing outlooks. *Annual Review of Psychology*.

Lazarus, R. S., & Folkman, S.(1984). *Stress, Appraisal, and Coping*. New York: Springer.

Leary, M. R., & Baumeister, R. F.(2000). The nurture and function of self-esteem: Sociometer theory. *Advances in Experimental Social Psychology*, 32.

Leary, M. R., & McDonald, G.(2003). Individual differences in self-esteem: A review and theoretical integration. In M. R. Leary & J. P. Tangney(Eds.), *Handbook of Self and Identity* (pp. 401-418). New York: Guilford.

Leary, M. R., Tambor, E. S., Terdal, S. K., & Downs, D. L.(1995). Self-esteem as an interpersonal monitor: The sociometer hypothesis. *Journal of*

Personality and Social Psychology, 68.

Leary, T.(1957). *Interpersonal Diagnosis of Personality*. New York: The Ronald Press Co.

Leavitt, H. J.(1951) Some effects of certain communication patterns on group performance. *Journal of Abnormal and Social Psychology*, 46.

Lee, J. A.(1977). A typology of styles of love. *Personality and Social Psychology Bulletin*, 3.

Lewin, K.(1938). The conceptual representation and measurement of psychological forces Contr. *Psychology Theory*, 1(4).

Lewin, K., & Brooks. J.(1978). Self-knowledge and emotional devolopment. In M. Lewis and L. Rosenblum (Eds.). *The development of affect*. NY: plenum.

Lewin, Kurt, Ronald Lippitt and Ralph K. White(1939). Patterns of Aggressive Behavior in Experimentally Created <Social Climate>, *Journal of Social Psychology*, vol. X, May.

Lieberman A. & L. Miller(1979). The Social Realities of Teaching, in A Lieberman and L. Miller(Eds.). *Staff Development: New Demands, New Realities, New Perspcctives*. New York: Teacher Colleges Press.

Likert, Rennis(1961). *New Patterns of Management*. New York: McGraw-Hill.

Lippitt, Ronald and Ralph K. White(1958). An Experimental Study of Readership and Group Life, Eleanor E. Macoby, et. al., *Readings in Social Psychology*. New York: Holt.

Lipsitz, J. S.(1984). *Successful Schools for Young Adolescents*. New Brunswick. NJ: Transaction.

Lundberg, George D.(1986). JAMA Welcomes Korea Readers. JAMA-Korea, Vol.1. No.1.

Lurt, J.(1961) The Johari Window. *Human Relations Training*. Vol.5, NO.1.

Lurt, J., & Ingham. H.(1969). *Human interaction*. Palo Alto. CA: National Press Books.

Lynch, J.(1977). *The broken heart*. N.Y.: Basic.

Maccoby E. E.(1991). *Discussant, symposium on the development of gender and relationships*. Symposium presented at the biennial meeting of the Society for Research in Child Development, Seattle, Washington.

Maccoby E., & Martin, J.(1983). Socialization in the context of the family: praent-child interaction. In E. M. Hetherington(Ed.) *Handbook of child Psychology: Socialization, personality and social development*, Vol4(1-102). New York: Willey.

Maslow, A.(1954). *Motivation and personality*. New York: Harper.

__________(1970). *Motivation and Personality*.

Mayer, G. E., & Mayers, M. T.(1988). *The Dynamics of Human Communication*. N.Y.: McGraw-Hill.

Mayer, J. & Salovey, P.(1990). *Emotional intelligence*. Imagination, Cognition & Personality, vol 9.

__________(1993). *Emotional Development and Emotional Intelligence*. New York: Basic Books.

Mayo, Elton(1946). *The Human Problems of an Industrial Civilization*. Boston: Graduate School of Business Administration. Harvard University.

McDevitt, T. M., & Ormrod, J. E.(2004). *Child Development: Educating and Working with Children and Adolescents*(2nd ed.). Upper Saddle River, NJ: Pearson/Merrill Prentice Hall.

McFarland, Dalton E.(1974). *Management: Principles and Practices*(4th ed). New York: McMillan Co.

McLaughlin, Frederick C.(1954). New Kind of Statemanship in Nation's Schools. Vol.53. No.1.

McNamara, Vincent and Frederick Enns(1966). Directive Leadership and Staff Acceptance of the Principal, *Canadian Administrator*, 6.

Meier, S. T.(1983). Towards a Theory of Burnout. *Human Relations*, 36.

Melby, E. O.(1963). *The Teacher and Learning*. Washington, D. C.: The Centerfor Applied Research in Education, Inc..

Miller, C. T. Rothblum. E. D.(1969). Felicio, D. and Brand, P.(1995). *Compensating for stigma: Obese and nonobese women's reactions to being visible*. Personality and Social Psychology Bulletin.

Miller. D. C. & Form W. H.(1964). *Industrial psychology*(2nd edition). New York: Harper & Row Publishers.

Miller, J. G.(1984). Culture and the development of everyday social explanation. *Journal of Personality and Social Psychlolgy*, 46.

Miller, K. E.(1990). Adolescents same-sex and opposite sex peer relations : sex differences in popularity, perceived social competence, and social cognitive skils. *Journal of Adolescent Research*, 5.

Murstein, B.(1986). *Paths marriage*. Beverly Hills: Sage.

Myers, G. E., & Myer, M. T.(1973). *The dynamic of human comminication laboratory approach*. McGrow Hill Inc.

Nelson, K.(2003). Narrative and self, myth, and memory: Emergence of a cultural self. In R. Fivush & C. A. Haden(Eds.), *Autobiographical Memory and the Construction of a Narrative Self: Developmental and Culture Perspectives*(pp. 72-90). Mahwah, NJ: Erlbaum.

Nelson, K., & Fivush, R.(2004). The emergence of aoutobiographical memory: A socia-cultural developmental theory. *Psychological Review*, 111.

Ogburn, W. F.(1955). *Technology and the Changing Family*. Houghton Mifflin.

Okun, M. A.(1977). Implication of Older Adults, *Adult Education*, 27.

Olson, D. H., & DeFrain, J.(2003). *Marriages and families: Intimacy, diversity, and Strengths*. New York: McGraw Hills.

Olson, D. H., Sprenkle, D. H., & Russell, C. S.(1979). Circumplex model of mar-ital and family system I: cohesion and adaptability dimension, family type clinical applications. *Family Process*, 18.

Parker, J, G., & Asher, S. R.(1993). Beyond group acceptance: Friendship quality as distinct dimensions of children's peer adjustment. In D. Perman & W. H. Jones(Eds.). *Advances in personal relationships*(vol, 4, pp. 261-294). London: Kingsley.

Peltier, B.(2010). *The Psychology of Executive Coaching: Theory and Application*(2th ed.). New York: Routledge.

Peplau, L. A., & Gordon, S. L.(1985). Women and men in love: Gender differences in close heterosexual relationshops. In V. E. O'Leary, R. K.

Unger, & B. S. Wallston (Eds.), *Women, gender, and social psychology*(pp. 257-291). Hillsdale, NJ: Erlbaum.

Peplau, L. A., Hill, C. T., & Rubin, Z.(1993). Sex role attitudes in dating and marriage: A 15-year follow-up of the Boston couples study. *Journal of Social Issues*, 49.

Pines, A., & Aronson, E.(1983). Antecedents, Correlates, and Consequences of Sexual Jealously. *Journal of Personality*, 51.

Rahim, M. A., & Bonoma, T. V.(1979). Managing organizational conflict: A model for diagnosis and intervention. *Psychological Reports*, 44.

Reddin, William J.(1973). *Managerial Effectiveness*. New York: McGraw-Hill Book Co..

_______________(1967). The 3-D Management Style Theory: A Typology Based on Task and Relationship-Orientation, *Training and Development Journal*, 21, April.

Redfield, C. E.(1953). *Communication in Management*. Chicago University Press.

Rice, P. L.(1992). Stress and Health. Pacific Grove, CA: Brooks/Cole Publishing Company.

Robins, R. W., Trzesniewski, K. H., Tracy, J. L., Gosling, S. D., & Potter, J.(2002). Global self-esteem across the life span. *Psychology and Aging*, 17(3).

Robbins, Stephen P.(1983). *Organ Theory: The Structure and Design of Organizations. Englewood Cliffs*. New Jersey: Prentice-Hall Inc..

Robert E. Smith(1995) *Principles of Human Communication*. Kendall/Hunt Publishing Company.

Rockefeller, John Davison(1968). Economic Growth and Human Welfare, Brothers Fund, Vol.19. No.1.

Roe, A.(1956). *The Psychology of Occupation*. N.Y: .John Wiley.

Roethlisberger. F. J.(1939). *Management and the Worker*. Cambridge: Harvard University Press.

Roethlisberger, Fritz J. and Others(1954). *Training for Human Relations*. Boston: Harvard University, Graduate School of Business Administration.

Rogers, C. R.(1951). *Client-centered therapy: Its current practice, implications, and theory*. Boston: Houghton Mifflin Company.

__________(1975). Empatbic: an unappreciated way of being. *The Counseling Psychologist*, 5.

Rose, S. M.(1984). How friendships end: Patterns among young adults. *Journal of Social and personal Relationships*, 1.

Rubinin, Z., Peplau, L. A., & Hill, C. T.(1981). Loving and leaving: Sex differences in romantic attachments. *Sex Roles*, 7.

Sandra Hybels & Richard L. Weaver Ⅱ(2004) *Communicating Effectively*(7th ed.) McGraw-Hill Companies, Inc. New York, NY.

Satir(1972). *People-making*. Alto Califonia. Science and Behavior Book. Inc.

Schorling, Raleigh and Howard T. Batchelder(1956). *Student Teaching in Secondary Schools*. New York: McGraw-Hill Co..

Schutz, W. C.(1976). FIRO-B & FIRO-F, In J. W. Pferffer, R. Heslin, & J. E. Jones. *Instrumentation in human relational training*(2nd ed). La Jolla, Calif; university Associates.

Schward(1956). *The Psychology Of Sex*. Baltimore: Penguin Book Inc.

Schward, O.(1956). *The Psychology of Sex*. Baltimore: Penguin Book Inc. 18.

Schwartz, M. A., & Scott, B. M.(1994). *Marriage & Fmilies: Diversity and Change*. NJ: Prentie Hall.

Scott, Richard W.(1974). *Theory of Organizations, in Handbook of Modern Sociology, ed.* Robert E. L Farris. Chicago: Rand McNally and Co.

Selye, H.(1956). *The Stress of Life*. New York: McGraw-Hill Book Company.

________(1988). Stress: Its Relationship to Man and His Environment. Ekistics, Vol. No. 331-332.

Sergiovanni, Thomas J. and Fred D. Carver(1980). *The New School Executive: A Theory of Administration*. 2nd ed. New York: Harper and Row.

Shin, Joong Shik(1975). A Study of the Relationships Among the Principal's Leadership Style, Teacher's Need Orientation and the Degree of Teacher's Satisfaction with their Principals Job Performance(Unpublished ED. D. Dissertation, University of Kentucky).

Simon, Herbart(1957). *The Administrative Behavior*(2nd ed.). New York: The Free Press.

Simon, H. A., Smithburg D. W., & Thompson V. A.(1950). *Public administration.* New York: Knopf Press.

Smith, L. G., & Clanton, G.(1977). *Jealousy. Englewood Cliffs.* NJ: Prentice Hall.

Sternberg, R. J.(1986). A. triangular theory of love. *Psychological Review.* 93.

Sternberg, R. J., & Barnes, M.(1985). Real and idel others in romantic relatianships: Is four a crowd?. *Journal of Personality and Social Psychology.* 49.

Stinnett, N., & Sauer, K. H.(1977). Relationship characteristics of strong families. Family Perspectives.

Stinnett, N., Stinnett, N., DeFrain, J., & DeFrain, N.(1997). *Good familles.* New York: Doubleday.

Stogdill, Roger M.(1974). *Handbook of Leadership.* New York: The Free Press.

________________(1948). Personal Factors Associated with Leadership: A Survey of Literature, *Journal of Psychology*, vol.25.

Stogdill, Roger M. and Alvin E. Coons, eds.(1957). Leader Behavior: Its Description and Measurement, Research Monograph, No.88. Columbus, Ohio: Bureau of Business Research, The Ohio State University.

Stoops, Emery and Russell E. Johnson(1967). *Elementary School Administration.* New York: McGraw-Hill.

Streib, G. F. & G. J. Schneider(1971). *Retirement in American Society: Impact and Process, Ithaca.* New York: Cornell University Press.

Sullivan, H. S.(1953). *The interpersonal theory of psychiatry.* New York: Norton.

Tannenbaum, Robert, Irwing R. Weschler, and Fred Massarik(1959). *Leadership and Organization : A Behavioral Science Research.* New York: McGraw-Hill Book Co..

Tannenbaum, Robert & Warren H. Schmidt(1957). H*ow to Choose a Leadership Pattern.* Harvard Business Review. March~April.

Taylor, Frederick W.(1911). *Principles of Scientific Management.* New York: Harper & Brothers.

________________(1947). *Scientific Management*. New York : Harper.

Tennov. D.(1979). *Love and limerence*. New York: Stein & Day.

Terry, George R.(1960). *Principles of Management*(3rd, ed) Homewood Ill.: Richard D. Irwin, Inc..

Thomas, K. W.(1976). *Conflict and conflict management*. In Dunnette, M. D. (Ed.), Handbook of Indus-trial and Organizational Psychology(pp. 889-935). Chicago: Rand McNally.

___________(1992). Conflict and negotiation processes in organizations. In M. D. Dunnette & L. M. Hough (Eds.), *Handbook of Industrial and Organizational Psychology*(pp. 651 - 717). Palo Alto, CA: Consulting Psychologists Press.

Tjosvold, D.(1991). *Team organization: an enduring competitive advantage*. Chichester, England: Wiley.

_________(1998). Cooperative and competitive goal approach to conflict: accomplishments and challenges. *Applied Psychology: An International Review*, 47.

Twenge, J. M., & Crocker, J.(2002). Race and self-esteem: meta-analyses comparing whites, blacks, Hispanics, Asians, and American Indians and comment on Gray-Little and Hafdahl(2000). *Psychological Bulletin*, 128.

Udry, R.(1971). *The social context of marriage*. New York: Lippincott.

Wall, Robert G. and Hugh Hawkins(1964). Requisities of Effective Leadership in H. Koontz and C. O'Donnell ed., *Management*. New York: McGraw-Hill.

Wallance, M.(1956). Future Time Perspective in Schizophrenia, *Journal of Abnormal and Social Psychology*, 52.

Wallerstein, J. S., & Blakeslee, S.(1989). *Second chances: Men, woman and children a Decade after Divorce*. New York: Tichnor & Fields.

Warren, N. C.(1992). *Finding the love of your life Focus on the Family*. Colorado: Colorado spring.

Weber, Max(1947). *The Theory of Social and Economic Organization. trians*. A. M. Parsons and T. Parsons. New York : The Free Press.

Wechsler, D.(1958). *The Measurement and Appraisal of Adult Intelligence*(4th ed.). Baltimore: Williams & Wilkins.

White, G. L.(1980). Inducing jealousy: A power perspective. *Personality and Social psychology Bulletin*, 6.

Williams, Leonard B. and Wayne K. Hoy(1973). Principal-Staff Relations: Situational Mediator of Effectiveness, *The Journal of Educational Administration*, 9.

Yalom, I. D.(1985). *The Theory and Practice of Group Psychotherapy*(3rd ed.). N.Y.: Basic Books.

Young, J. E.(1986). A Cognitive-Behavioral Approach to Friendship Disorders, Derlega and B. winstead(eds.), *Friendship and Social Interaction*. NY: Springer-Verlag.

Young, J. F., & Mroczek, D. K.(2003). Predicting intraindividual self-concept trajectories during adolescence. *Journal of Adolescence*, 26(5).

Youniss, J.(1980). *Parents and peers in social development : A Sullivan-Piaget perspective*. Chicago: University of Chicago Press.

Zegans, L.(1982). Stress and the development of somatic disorders. In L. Goldberger, & S. Breznitz(Eds.), *Handbook of Stress: Theoretical and Clinical Aspects*. New York: Free.

찾아보기

ㄱ

ㄴ

ㄷ

ㄹ

ㅇ

ㅎ

저자약력

■ **채성준(蔡聖埈)**

국회사무처(입법부)와 한국행정연구원·국가안보전략연구원(국책연구기관) 등에서 고위공무원에 이르기까지 30여 년간 공직생활을 하였으며, 단국대학교에서 행정학 박사학위를 취득하였다. 오랜 공직생활 및 다양한 사회활동 경륜을 살려 건국대학교·단국대학교·서경대학교 등에서 후진양성과 연구활동에 힘을 쏟았으며, 현재 극동대학교에서 인간관계론을 강의하고 있다.

E-mail: yeomul@hanmail.net

인간관계론

초판 1쇄 발행 / 2019년 2월 10일
초판 2쇄 발행 / 2020년 8월 30일

●

저　자 / 채　성　준
발행인 / 이　중　수
발행처 / **동　문　사**

●

서울특별시 서대문구 홍제원 1길 12
(홍제동 137-8)
Tel : 02)736-3718(대), 736-3710, 3720
Fax : 02)736-3719
등록번호 : 1974.04.27. 제9-17호
가격 : 14,000원

●

ISBN : 979-11-6328-056-9 (93330)
E-mail : dong736@naver.com
www.dongmunsa.com